PRIMERO **TÚ**

LOS **7** PASOS
PARA VERTE BIEN
Y SENTIRTE *mejor*

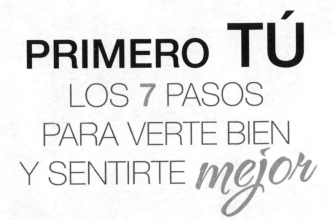

PRIMERO TÚ
LOS 7 PASOS
PARA VERTE BIEN
Y SENTIRTE *mejor*

GABY VARGAS

Copyright © Gaby Vargas 2009
De esta edición:
D. R. © Santillana Ediciones Generales, S.A. de C.V., 2009.
Av. Universidad 767, Col. del Valle.
México, 03100, D.F. Teléfono (55 52) 54 20 75 30
www.editorialaguilar.com

Primera edición: octubre de 2009
ISBN: 978-607-11-0307-9

© Fotografía de la autora: Adolfo Pérez Butrón
Diseño de portada y de interiores: Victor M. Ortíz Pelayo - www.nigiro.com
Fotos de interiores: www.photos.com

Impreso en México

*Pablo, amanecer a tu lado
ha sido un privilegio y una delicia:
este libro es para ti*

ÍNDICE

Agradecimientos   17

Introducción: ¿Por qué Primero TÚ?   19

PRIMERA PARTE: TU CUERPO

Primer paso: Llénate de energía   27
Contacta con tu cuerpo: respira   29
Recarga tu energía   32
¿Qué afecta tu energía?   33

El mejor antidepresivo: el ejercicio 34

Diferentes tipos de ejercicio 43

Respuestas a los pretextos más comunes 46

Segundo paso: Descubre el poder verde 49

Jugo Verde Maravilla 52

Un Shangri-La real 54

¿Cómo viven? 55

Los 14 súper alimentos 57

La Dieta Alcalina 62

¿Qué son los radicales libres? 71

Antioxidantes al rescate 72

Mejores, buenas, malas y peores 74

Sazona tu cuerpo y tu cerebro 77

¡Hay que comer chiles! 82

Toma té para rejuvenecer 85

Droga y afrodisíaco 87

La droga más popular del mundo: el café 90

No estás enfermo, ¡tienes sed! 94

La dieta y los saboteadores 97

El problema no está en la sal 101

Come DES-PA-CIO 103

¿De qué edad te quieres ver? 106

Tercer paso: Eleva tu QA (Coeficiente de Atracción) 109

¿Cómo está tu QA? 111

Comienza por el final 119

Tú tienes el control 120

¡Todos me quieren!   121
Construye tu marca personal   122
Lo que aporto, ¿me aporta?   126
Tu piel es muy importante   129

SEGUNDA PARTE: TU MENTE

Cuarto Paso: Las tres "D": desintoxícate, disfruta y descansa

Cuarto Paso: Las tres "D": desintoxícate, disfruta
y descansa   141
Los botones del placer   144
Una vida más simple...   148
Vives en automático   150
Desintoxícate y reclama tu derecho al silencio   151
Un lugar secreto...   158
El poder de la música   164
Los aromas y su magia   167
Dale vacaciones a tu cuerpo: un masaje   171
Melatonina: la hormona de la oscuridad   174

Quinto paso: La felicidad está en el cerebro   179
Las drogas de la felicidad   181
La serotonina: la hormona de la estabilidad y la calma   182
La dopamina: la hormona del bienestar   187
Otras formas de incrementar las drogas de la felicidad   189
Sin los Omega-3, tu cerebro no funciona   190
¿Cómo se llama?   193
Un cerebro más ágil   196
Tu cerebro necesita que lo apoyes   198

¡Qué delicia de vicio!...   203
¿Bichos raros? Los nuevos dueños   206
Rutina: lo que más asusta   208
Las seis estrategias clave   209

TERCERA PARTE: TU ESPÍRITU

Sexto paso: Dale importancia a tus afectos   215
El verdadero bienestar   217
Uno es un número muy solo   218
No sólo la "gran" relación cuenta   223
Hay que querer, querer   225
Primero TÚ   226
Querer no es poder   227
La llave de la felicidad   228
Cuando la hospitalidad se rompe...   230
Tres ideas nuevas para que tu relación de pareja funcione   233
Abraza, abraza, abraza...   237
Un reto que cambiará tu vida   243
¿Me perdonas...? Ni cómodo, ni fácil   248
Gracias a ti, soy quien soy...   253

Séptimo paso: Atiende lo realmente importante:
tu interior   255
Más que buscar el éxito... busca hacer de tu vida un éxito 257
Ser feliz se aprende   262
¡Pon atención!   268
Ojo con el fantasma "No es suficiente"   272
Apasiónate con lo que haces   276

Apreciar, apreciar...   287

El universo es como un niño   289

Como viene, conviene   294

La paz profunda... a tu alcance   297

Los que la pasan bien, también van al cielo   300

Escucha tu sexto sentido   303

Y de casualidad...   306

La mejor terapia del mundo...   310

CONCLUSIÓN

Date el "Sí" a ti mismo   315

Bibliografía   318

AGRADECIMIENTOS

Agradecer nos llena de alegría. Así que con todo gusto reconozco y agradezco a quienes me ayudaron a darle forma y contenido a éste libro.

Gracias a Pablo mi esposo, porque a diario, en los pequeños detalles muestras tu fortaleza y tu gran, gran generosidad.

Gracias a mis papás, por su ejemplo de armonía, congruencia y trabajo.

Gracias a mis hijos, Paola, Carla, Pablo, Diego, Toño y Diana por darnos tanta felicidad y además, nietos.

Gracias a todo el equipo de Santillana, encabezado por Fernando Esteves.

Gracias a mis editores Paty Mazón, César Ramos y a Rocío Martínez Velazquez, por darle todo el apoyo y forma a este libro.

Gracias a Diana Barreiro y Juan Carlos Valdivia, por su entusiasmo en la promoción.

Gracias a Benicia Anaya, mi efectiva asistente, por resolver todos los retos que le lanzo y se nos atraviesan.

Gracias a Victor M. Ortiz Pelayo, a través de tu diseño, hiciste más agradable y fácil la lectura del libro; y a Enrique Hernández, por su apoyo.

Gracias al Dr. Armando Barriguete y a Don Carlos Menéndez Loza director del *Diario de Yucatán,* porque en amenas conversaciones, me inspiraron a investigar éste tema.

Gracias en especial a ti querido lector, que me has acompañado en éste o en otros libros; y que con tus comentarios, le das sentido a mi trabajo y me animas a seguir.

De corazón, a todos, mil gracias.

INTRODUCCIÓN

¿Por qué Primero TÚ?

Tenía tiempo de no verlo. Algo lucía diferente en él. Su mirada, el tono de su piel, su forma de caminar, de sonreír, qué se yo; se veía cómodo consigo mismo. A pesar del tiempo transcurrido, lucía mejor de lo que lo recordaba de hacía cinco años atrás.

Durante el intercambio de preguntas que tuvimos sobre el pasado y el presente, pude observar que estaba más delgado, que su piel tenía un brillo especial, transparente. No pude resistir el preguntarle a qué se debía verlo tan bien, tan rejuvenecido.

"Pues verás, Gaby, de verdad me siento muy bien, y se debe a que he experimentado cambios muy importantes en mi vida. Yo vivía como un robot, todo el tiempo sacrificando mi salud y mis sueños, tratando de complacer siempre a mi jefe, trabajando todo el día y viviendo sólo para dar gusto a otros, hasta que un día me di cuenta de que siempre estaba cansado y me había alejado de personas a las que les tenía un gran cariño. Una mañana me vi en el espejo y me quedé impresionado con mi aspecto, la falta de atención hacía mí mismo me mostraron a un hombre derrotado, ¡Dios mío! Ante mí estaba un hombre sin vida. Entonces me di cuenta de que por complacer a los demás no había atendido a quien debí hacerlo siempre, ¡a mí mismo!; no me había ocupado de mi salud ni de mi felicidad; en ese momento decidí que el interior era lo más importante, que tenía que sentirme bien primero yo para después estar bien con los demás, que tenía que disfrutar la vida para poderla compartir con quienes me rodeaban. Sin perder más tiempo busqué un espacio en mis actividades para hacer ejercicio, practiqué yoga, cambié por completo mi alimentación, hasta hice un lugar en mi rutina para meditar. ¡Qué mas te puedo decir, Gaby! Ahora soy otro, ya no fumo y me cuido lo mejor que puedo; jamás me hubiera imaginado que después del desastre de vida que tenía, como seguramente recordarás, hoy sea totalmente distinto, siempre estoy de buen humor y hasta encontré pareja, sí Gaby, cómo ves, ¡hasta estoy enamorado!"

Asombrada lo escuchaba, mientras en mi mente desfilaban escenas de aquel Octavio que hoy era otro. Ese día me convencí de que nuestro aspecto físico es un espejo fiel de cómo estamos por dentro, tanto en cuerpo, mente como en espíritu; y se reafirmó para mí el dicho: "Cómo te ves, te sientes."

Porque cuando careces de buena salud, cuando emocionalmente no estás bien, cuando tu mente está estresada, por más que quieras decorarte por fuera, con la mejor corbata o el maquillaje más atractivo, es necesario fijarte primero en tu interior y saber que el aspecto físico es un efecto de lo que transmites más allá de lo tangible, y que atrae de manera irresistible.

Por eso, Primero TÚ

Tal vez te suene egoísta. Y ya sé que es contrario a la educación que a ti y a mí nos metieron en la cabeza desde niños. Sin embargo, estoy segura que tú, como yo, quieres tener una vida plena, de calidad, balanceada. Quieres vivir al máximo tu potencial, disfrutar tu salud, tu energía y explotar tu capacidad de crear, quieres abrazar a la gente que aprecias, darle un sentido a tu vida y entregarle al mundo todo lo que está en ti.

El "efecto mariposa"

Desde que conocí éste concepto me parece la metáfora ideal de lo que pequeños cambios pueden hacer en nuestro aspecto. Resulta que, en 1961, Edward Norton Lorenz descubrió uno de los fenómenos meteorológicos más impactantes de nuestro tiempo. Para predecir las condiciones del clima, alimentó la computadora con un número determinado sobre la velocidad del viento. Para tomar un atajo, metió .506 en lugar de .506127. Y lo que encontró fue asombroso: esa pequeña diferencia de .000127 alteró radicalmente el escenario previsto del clima.

El concepto que el científico desarrolló a partir de esto, es lo que se conoce como "efecto mariposa". Una velocidad de viento de .000127 es tan, pero tan insignificante como el aleteo de ese insecto. Entonces Norton concluyó que la más mínima e insignificante condición inicial, puede modificar drásticamente el clima que le sigue. Una pequeñísima variación puede crear tal diferencia de ruta que, de hecho, logra iniciar una cadena de efectos meteorológicos tales como cambiar de un día soleado a un huracán.

Como la atmósfera, la vida

Así es. Cada relación que tuve, cada bocado que comí, trago que bebí, libro que leí y demás, son los factores que me colocan donde me encuentro hoy. Es lo que me da o no un sentido pleno de bienestar, en términos de salud, de mis afectos y finalmente de la calificación que me pongo.

Un pequeño cambio, de actitud, de estilo de vida, de acción, por pequeño que sea, puede causar una gran reacción en ti, en tu cuerpo, en tu mente, en tus relaciones y por ende, en tu vida.

El estar y sentirte bien, como ves, no es una meta, es un camino, un viaje, una manera de orientarte hacia lo que en realidad es la vida. Es sentir que participas plenamente de la existencia, con ese balance necesario en cuerpo, mente y espíritu. Entre más sean los pequeños cambios que hagas, mayores serán los cambios que tendrás en una semana, cinco años o en el futuro. Todo depende de, quizá, abrazar más, cortar algo de la dieta, agregar cinco minutos de ejercicio diario o de meditación. O bien, hacer algo por los demás, o de callarnos si no tenemos nada bueno que decir.

Finalmente, estos pequeños cambios, tan sutiles como el volar de una mariposa, harán un cambio cuántico en tu vida. Te lo puedo asegurar.

Una cosa te lleva inevitablemente a la otra

Por eso este libro se llama así: *Primero TÚ*. En éstas páginas podrás ver *Los 7 pasos para verte bien y sentirte mejor*, pues si estás bien contigo mismo, tu actitud hacia el mundo es positiva, eres más saludable física, mental y emocionalmente, amas más, trabajas mejor y quienes viven contigo son más felices. Así, con ésta manera de ser "egoísta", contribuyes a que el mundo sea mejor. Y por si fuera poco, toda esa congruencia interna se materializa en tu exterior, te ilumina y se vuelve irresistible para los demás. Te aseguro que los pequeños o grandes cambios que hagas en tu vida para beneficiar tu salud y tu interior, valen la pena.

Gaby Vargas

PRIMERA PARTE | **TU CUERPO**

LLÉNATE DE ENERGÍA

*Corta como es la vida,
al desperdiciar el tiempo inútilmente,
todavía la acortamos más.*

Victor Hugo

Contacta con tu cuerpo: **respira**

Relájate. Inhala profundamente. Imagina que ese aire que entra por tu nariz y viaja lentamente hasta llenar tus pulmones, es oxígeno puro de un tono azul claro. Sostenlo unos segundos y visualiza cómo inunda todas y cada una de las células de tu cuerpo; desde el cerebro hasta la punta de los pies. Observa cómo ese aire, al pasar, sana, limpia, nutre y cura. Siente el latido de tu corazón, el bombeo de tu sangre y esa sensación de paz que te da respirar. Exhala por la boca e imagina que el oxígeno es de un tono gris y que con él se expulsan muy lejos todas las cosas negativas –toxinas, problemas, preocupaciones– que pudieron estar dentro de ti.

Este pequeño acto que realizaste en unos cuantos segundos, es tan esencial como olvidado: respirar bien. Es por eso que comienzo, no sólo este capítulo sino el libro, con este tema.

Respirar es el eslabón que une cuerpo y mente, consciente e inconsciente. Respirar oxigena tus células, te tranquiliza, te relaja, te equilibra, te hace sentir vivo, presente. Además, saber respirar te ayuda a disfrutar del ejercicio: hay personas que, por falta de oxigenación, al practicar algún tipo de actividad física se cansan muy rápido y se desaniman, y dejan de ejercitarse porque se agotan, sienten que se sofocan. Si es tu caso, querido lector, te comparto que sólo es cuestión de llevar un ritmo al inhalar y al exhalar que vaya de acuerdo con tu paso.

Si respiras profundamente, también eliminas tensiones, ansiedad, dolor y, sobre todo, muchos problemas de salud. Sin embargo, es algo a lo que a veces no le damos la suficiente importancia.

¿Qué es respirar bien?

Respiramos alrededor de 20 mil veces al día de manera automática, aunque no siempre con todo su potencial. Usamos aproximadamente sólo 30 por ciento de lo que se necesita y respiramos con la parte alta del tórax, lo que significa que no bajamos ni extendemos el diafragma totalmente y lo que disminuye los beneficios. "Si tan sólo pudiera decirle a la gente que hiciera una sola cosa para mejorar su salud, no dudaría en recomendarle: *mejore su respiración*", escribe el doctor Andrew Weil, en su libro *8 Weeks to Optimum Health*.

Respira diafragmáticamente

Se escucha complicado pero es sencillo: tu sistema sanguíneo transporta oxígeno y nutrientes a las células, y quien controla el torrente sanguíneo es nada menos que la respiración. Con ella estimulas los procesos eléctricos de todas y cada una de tus células.

Me impactó saber que cuando el doctor Otto Warburg, Premio Nobel de Fisiología, estudiaba los efectos del oxígeno en las células, hizo un experimento donde convirtió células sanas en malignas a través de un sencillo procedimiento: les redujo el oxígeno. Con esto se dio cuenta de que la cantidad de oxígeno que reciben las células afecta de manera directa nuestra calidad de vida. Por eso todos los doctores te recomiendan hacer ejercicio aeróbico, ya que aumenta el ritmo cardíaco y mejora la respiración. Esa es una de las razones por las que salir al campo, a las montañas o al mar nos hace sentir muy bien.

Cómo respirar

La mejor manera de respirar para mantener sano tu organismo es la siguiente: inhala durante cuatro segundos, aguanta la respiración siete segundos y exhala en ocho. La expiración debe durar el doble que la inhalación ya que es la fase en la que eliminas las toxinas por medio del sistema linfático. Inhala, sostén y exhala... cada vez que te acuerdes durante el día.

!

Beneficios de la respiración

• Aprende a respirar, te restablece física y mentalmente, te armoniza, te hace vivir en el presente y te permite apreciar cada momento.

• La respiración es la clave para aumentar la energía de tu cuerpo y de tu mente; a través de ella se elevan los niveles de oxígeno en la sangre.

• Cuando el diafragma se contrae y se expande, las cavidades de los pulmones se extienden y por ello la sangre absorbe más oxígeno.

• Si sueltas el aire con lentitud, a través de la nariz, el aire permanecerá más tiempo en los pulmones; esto también favorece la absorción de oxígeno.

• Si respiras bien, tu ritmo cardiaco se reduce, por lo que tu corazón recibirá menos estrés, así obtendrás un mejor rendimiento en los deportes y una recuperación más rápida.

• Respirar profundamente mejora la atención y el desempeño; estimula la producción de endorfinas y otros químicos benéficos; y genera ondas alfa en el cerebro, lo que te ayuda a relajarte.

• Una respiración diafragmática profunda estimula la limpieza del sistema linfático y te ayuda a eliminar las toxinas 15 veces más rápido.

Sigue estos consejos y dale a tu cuerpo momentos de inhalar y exhalar, inhalar y exhalar... Notarás cómo te invade la calma y, lo más importante: ¡te sentirás mejor!

Recarga tu energía

Después de lo más importante, que es saber respirar, lo siguiente que debes hacer es cargarte de energía. ¿Te has puesto a pensar dónde obtienes toda esa energía que el mundo te pide y dónde la pierdes? Aunque es difícil comprender el concepto de energía porque no podemos verla, recuerda que en la escuela aprendimos que todo lo que nos rodea y está dentro de nosotros es energía, la cual no se crea ni se destruye, sólo se transforma. Estoy segura de que has conocido gente con tanta energía que te contagia. Pero también hay personas que literalmente son como vampiros de energía y al estar con ellos sientes que te absorben, te desgastan.

A diario intercambias energía: das, recibes y transformas. Lo importante es que sepas generarla de manera positiva y la acumules para utilizarla cuando quieras lograr tus metas.

¿Qué afecta tu energía?

Una de las mayores fuentes de energía viene del sistema que tienes integrado en el cerebro, y que está encargado de marcar los ritmos de tu cuerpo. Estos ritmos se repiten cada 24 horas y se llaman circadianos (del latín *circa*, cerca, y *dies*, día). Es un reloj biológico diseñado para mantenerte despierto de día y dejar de trabajar en la noche para que puedas dormir. Como un reloj despertador, te envía señales que te avisan que es hora de comer, despertarte, descansar, etcétera. Lo que tal vez no sabes es que tu humor también está determinado por ese reloj biológico que, por lo general, tiene su mejor momento en el primer tercio de la mañana, baja al mediodía y hasta la media tarde, y vuelve a subir como a las seis de la tarde para caer a la hora de dormir.

El director de orquesta de este reloj es la luz. Cuando la retina capta el primer rayo de sol, manda la información al cerebro y éste envía docenas de órdenes al cuerpo. Para activarte, diariamente secreta —entre otras sustancias— cortisol, la hormona del estrés; y en la noche melatonina, para dormir. Por eso, cuando amanece más temprano, lo lógico es mover el reloj una hora antes ya que el cuerpo naturalmente se pone en marcha con la luz.

Si el ritmo de vida que llevas es desordenado, no comes a tus horas, te desvelas mucho —ya sea por diversión o por trabajo— estas hormonas rompen su ciclo, lo cual se refleja en todos tus actos, especialmente en el sueño y la lucidez. Por tanto, tus decisiones, el humor y tu eficiencia se verán alteradas.

Toma en cuenta siempre tu reloj biológico. Si el ciclo circadiano toca sus niveles bajos de energía, ello se refleja en tu humor. Por eso, es posible que percibas el ambiente más sombrío si te despiertas en la madrugada.

Es bueno saber que hasta el individuo con más energía decae en algún momento. Hay subidas y bajadas naturales de energía y de humor en un ciclo de 24 horas. Así que, obsérvate para conocer cuáles son tus horas más productivas y cuándo simplemente es mejor descansar.

El mejor antidepresivo: el ejercicio

Cuando me arreglo para enfrentar el día, después de haberme bañado y haber hecho una hora de ejercicio, no me cambio por nadie. Es simplemente una de las cosas que más energía física y mental me dan. Me hace sentir animada, feliz y me quita cualquier telaraña que pueda formarse en mi mente. Es lo que me estimula a repetir cada día, esa sensación de que de alguna manera estoy en control de mi vida. Me siento alegre y, podría decir, en paz.

Sin embargo, no siempre fue así. Cuando comencé a practicarlo no era para nada placentero; todo me dolía, sentía que era como tomar una medicina amarga que prometía hacerme sentir bien algún día. Poco a poco fui comprendiendo que era una manera de invertir en mi bienestar, hoy compruebo que me retribuye con grandes intereses.

Por eso, cuando veo a una persona decaída, desanimada, que se valora poco a sí misma, sin duda pienso que gran parte de su problema se solucionaría con sólo hacer ejercicio.

En 2007, el profesor James A. Blummenthal, psicólogo del University Medical Center, realizó una investigación en la que trabajó con 202 hombres y mujeres de 40 años en adelante diagnosticados con depresión profunda, los dividió en cuatro grupos y les aplicó los siguientes tratamientos: al primer grupo le ordenó un programa supervisado de ejercicio; al segundo le recetó ejercicios aeróbicos para realizar en casa; al tercer le propuso que tomara antidepresivos con base en Sertraline (Zoloft); y al cuarto le recetó pastillas placebo.

Después de 16 semanas, los pacientes con el programa de ejercicio supervisado mejoraron casi al mismo nivel que el grupo que tomó el antidepresivo. Y seis meses después, los pacientes que hicieron ejercicio en casa disminuyeron su padecimiento tanto como los que tomaron un placebo.

Si el ejercicio fuera una droga y los resultados vinieran en una pastilla, sería 100 veces más popular y demandada que el Viagra. El problema es que todavía mucha gente no ha descubierto lo maravilloso que es ejercitarse con regularidad y argumenta: "Tengo mucho trabajo...", "no tengo tiempo..." Sólo inténtalo por una semana: te aseguro que te sentirás como nuevo y de verdad muy feliz por haberte decidido.

"No exagero al recalcar lo importante que es el ejercicio regular para mejorar las funciones y el desempeño del cerebro. Es una medicina maravillosa. El ejercicio es tan bueno como cualquier antidepresivo que conozco", afirma el doctor John Ratey, profesor asociado de psiquiatría en Harvard Medical School.

Las teorías del cerebro

¿Cómo es exactamente que el ejercicio nos da felicidad? Los científicos todavía no están muy seguros. Sin embargo, tienen muchas hipótesis y comparto contigo las siguientes:

- Algunas "teorías del cerebro" sostienen que después de hacer ejercicio se reduce la tensión muscular y se crea una sensación de relajación; el ejercicio eleva la habilidad de los neurotransmisores del cerebro como la serotonina y la dopamina, que se reducen con la depresión; la actividad física también protege y mejora la salud cerebral.
- La "teoría autoeficiente" afirma que el ejercicio le da confianza al ser humano, fortalece la idea de que tiene las habilidades

necesarias para concretar un objetivo y la confianza para completar cualquier tarea.
- La "teoría de la distracción" afirma que la actividad física ayuda a alejar los pensamientos negativos y depresivos.

Por último, un artículo publicado en el *Journal of Clinical Psychiatry*, afirma: "Correr se ha comparado con el tratamiento psicoterapéutico contra la depresión, con resultados que indican que esta actividad es tan efectiva como la psicoterapia en lo referente al alivio de los síntomas de la depresión."

La buena noticia es que la actividad física no tiene que ser muy intensa para que sea efectiva. Caminar con entusiasmo cinco veces a la semana durante 30 minutos te hará perder peso, te dará mucha energía y, sobre todo, te mantendrá a salvo de la depresión. ¡Haz la prueba!

El club de "No hago nada"

Mi querida amiga Cristy me platica que su papá, el doctor Cabrera, era radiólogo, y cuando le preguntaban si él hacía ejercicio, respondía: "Sí, camino en los funerales de mis amigos los deportistas." Continúa Cristy: "Él solía jactarse de que todos sus pacientes eran deportistas, y como él vivió muy sano, entonces yo tampoco hago nada. ¿Para qué hago ejercicio, Gaby, si el día que lo dejas engordas?"

Si bien es cierto que hacer demasiado ejercicio no es bueno, ya que de no hacerlo bien conlleva el riesgo de lastimarte, también es cierto que causa un estrés que provoca que las células se oxiden más y se generen radicales libres; y también quizá el día que lo dejes sí subas de peso con más facilidad, pero... ser miembro del club de "No hago nada", ¡es mucho peor! Y las consecuencias pueden ser mucho más graves. Necesitas moverte para tener salud y sentirte bien. Imagínate que tienes un coche nuevo precioso, con un súper motor pero estacionado durante meses en tu garaje. Cuando lo quieras encender, el coche difícilmente alcanzará una velocidad sorprendente, y quién sabe si arranque. Tu cuerpo es igual: necesita que lo uses para que funcione correctamente.

Úsalo o piérdelo

Recuerdo cuando me enyesaron la pierna y me sentía feliz, como todo adolescente que tiene un pretexto para llamar la atención. Después de cinco semanas, la incomodidad para bañarme, sentarme, caminar y la comezón me bajaron los humos de inmediato. Sin contar con la sorpresa que me produjo encontrarme con una pierna de esqueleto cuando me quitaron el yeso.

Entonces me di cuenta de lo cierto que es aquello de "úsalo o piérdelo". El cuerpo, al ver que las muletas sustituyen a los cuádriceps, dice: "¡Qué delicia! No hago nada, no me esfuerzo, que la energía mejor se vaya para otro lado." El resultado: el músculo se atrofia.

Y esto aplica a todo: a los músculos, al cerebro, a la condición física y al desempeño sexual. El principio es: lo que no se utiliza, se deteriora; además, las partes del cuerpo poco utilizadas son felices de acatar esta orden pues trabajan menos.

Un buen ejemplo de inactividad es el de los astronautas. Cuando viajan al espacio por largos periodos permanecen sin gravedad, esto provoca que pierdan una cantidad importante de masa muscular y densidad ósea, por eso al bajarse de la nave los tienen que ayudar a caminar. También es frecuente que, a su llegada, pierdan el sentido de la ubicación.

¿La razón? Tu cuerpo es tan eficiente que piensa: "¿Para qué desperdiciar energía y alimentar extremidades u órganos que no se usan cuando tengo otros mil asuntos que atender?" Y lo peor es que los nervios que ayudan a controlar esas extremidades se unen también a la inactividad. El resultado: extremidades avejentadas sin importar la edad, o atrofiadas por la falta de uso.

Así que no hay de otra: necesitas poner a trabajar tus músculos, incluido el cerebro. En suma, todos los órganos y sistemas del cuerpo, para fortalecerlos y darles las condiciones para una larga vida. Curiosamente, hay que someter a los órganos al buen estrés. De esta manera, no sólo los huesos se fortalecen sino también muchas otras partes. Por ejemplo:

- **El corazón.** Someterlo a ejercicio aeróbico aumenta el flujo sanguíneo y lo fortalece. De no hacerlo, te vuelves más propenso a sufrir enfermedades y ataques, y el órgano tiene menos herramientas para enfrentar el estrés negativo.
- **Músculos.** Entrenar con peso ayuda a mantener la masa muscular —que aminora con la edad— y ayuda a acelerar el metabolismo. Sin ejercicio es más probable subir de peso, y aumenta el riesgo de sufrir osteoporosis.

• **Articulaciones.** Caminar estimula la formación de líquido sinovial y lubrica las coyunturas. De lo contrario, aumenta la posibilidad de tener artritis y otros padecimientos.

• **Órganos sexuales masculinos.** De acuerdo con las investigaciones, una actividad sexual sana se puede medir según la frecuencia de las eyaculaciones. El doctor Mehmete Oz, de la Universidad de Columbia, considera que 100 eyaculaciones al año es un buen número. Si son mucho menos, quienes pasan los 45 años pueden tener problemas al tratar de tener una relación sexual en los años siguientes.

• **Órganos sexuales femeninos.** Una función sexual sana se puede medir a través de una actividad regular y disfrutable. De no ser así, cuando la mujer pase la menopausia puede presentar un adelgazamiento acelerado de las paredes vaginales y la incapacidad de disfrutar la relación sexual.

Como puedes ver, todo es cuestión de encontrarle el gusto y acostumbrarse al ejercicio, lograr que se vuelva parte de tu vida y que los beneficios te sigan motivando para no dejar de poner a tu cuerpo en marcha. Tal vez puedas llevar una vida sedentaria y a la vez saludable, como la tuvo el doctor Cabrera; sin embargo, las probabilidades son muy bajas. El ejercicio es vital para aumentar tu bienestar físico y emocional. No se trata de escalar montañas ni de correr maratones, sino de moverte.

Otros beneficios del ejercicio

Además de lo anterior, comparto contigo algunas de las múltiples razones y bondades de hacer ejercicio, para ver si convenzo a mi querida amiga Cristy, y a ti, de darse de baja del club de "No hago nada". En lo personal, he hecho ejercicio moderado gran parte de mi vida y sé que es importante encontrar una razón que te motive a hacerlo, por lo que comparto contigo lo que me impulsa a levantarme todos los días —menos los domingos— a caminar, correr, hacer yoga, tomar una clase de box, nadar o hacer *spining*:

- El ejercicio en verdad funciona. No sólo tu cuerpo puede cambiar, también tu estado de ánimo.
- Te hace sentir bien contigo mismo ya que tu voluntad le gana a la flojera y eso eleva tu autoestima.
- Saber que tienes el control de tu persona te sirve para todos los aspectos de tu vida.
- Es un regalo que te das. Un tiempo para ti mismo, y te lo mereces.
- Con el ejercicio descubres que tu cuerpo se adapta, tu capacidad física y pulmonar aumentan: ello te estimula más y a tu cuerpo le encanta.
- Te libera del estrés y, gracias a las endorfinas que se generan, los problemas que antes de empezar a ejercitarte te parecían enormes, al terminar parecen no ser tan grandes.
- Te ves más atractivo, tu piel tiene mejor color.
- La ropa te sienta mucho mejor, ¡y nada te aprieta!, por lo que estás más cómodo todo el día.

- ¡Bajas de peso, y cuando a veces comes lo que no debes, no sientes culpa!
- Mejora tu postura corporal y te ves más alto; si pasas de los 40 años luces más joven y dinámico.

Más beneficios

De acuerdo con el doctor F. Batmanghelidj, experto en la materia, el factor más importante para sobrevivir, después de aire, agua, sol y alimentos, es el ejercicio. ¡Imagínate! A continuación comparto contigo algunas de las razones médicas por las que este especialista de la salud aconseja el ejercicio para vivir mejor:

- Expande el sistema vascular en los tejidos musculares y ayuda a prevenir la hipertensión.
- Abre los vasos capilares en el tejido muscular y al bajar la resistencia al flujo sanguíneo en las arterias, provoca que la presión sanguínea y el azúcar en la sangre bajen a niveles normales.
- Construye masa muscular y hace que los músculos guarden más agua como reserva; previene una mayor concentración de sangre que de otra manera dañaría la cubierta de las paredes de los vasos sanguíneos.
- Fortalece los huesos y ayuda a prevenir la osteoporosis.
- Aumenta la producción de todas las hormonas vitales, eleva la libido y el desempeño sexual.

• Una hora de ejercicio provoca que las enzimas que queman grasa se activen y permanezcan así por 12 horas más, lo que limpia los depósitos de colesterol en el sistema arterial y la grasa que se acumula en el cuerpo.

• Estimula al hígado para que fabrique azúcar de la grasa que almacena o que está circulando en la sangre.

• Aumenta la producción de endorfinas y enkefalinas, los opios naturales del cuerpo. Producen el mismo estado de placidez que los adictos a las drogas buscan con el abuso de sustancias.

...con todo lo anterior espero haberte convencido.

Diferentes tipos de ejercicio

Estas son algunas opciones de ejercicio que puedes realizar y los beneficios que te brinda cada uno.

• **Ejercicio aeróbico.** Es cualquier actividad que acelere la respiración. Cuando es baja, puedes sostener una conversación; cuando es mediana, te es difícil hablar; y cuando es intensa, no puedes pronunciar palabra. Este tipo de ejercicio quema calorías, mejora tu sistema inmunológico, tonifica el corazón, aumenta la elasticidad de las arterias, favorece la función del metabolismo, la función cognoscitiva, produce endorfinas... ¿Te das cuenta? Y este espacio no me alcanzaría para mencionar todos los beneficios. Se recomienda practicarlo de 30 a 40 minutos, por lo menos cinco días a la semana. Camina, nada, usa tu bicicleta, corre. Si no tienes suficiente tiempo, usa las escaleras lo más seguido que puedas y resiste la tentación y comodidad del elevador. Si trabajas y se te dificulta buscar el tiempo para hacer ejercicio, estaciona tu coche lejos de los lugares a los que acudes para equilibrar el tiempo que pasas sentado frente a una computadora o en el coche. Caminar, por ejemplo, hace milagros en tu mente, cuerpo y espíritu.

• **Entrenamiento con pesas.** Es lo segundo más importante que tu cuerpo necesita para estar en forma. Su finalidad es regenerar y mantener tu densidad ósea y muscular, que con la edad (después de los 35 años) disminuyen. Además, protege y refuerza tus articulaciones, sin contar con que define tus músculos y esto hace que te veas muy bien. Así que evita fumar, tomar refrescos, beber mucho café, alcohol o bebidas muy dulces. Te aconsejo que hagas este ejercicio con la ayuda de un instructor para no lastimarte. Comienza poco a poco, y practícalo dos o tres veces por semana. El método Pilates también es muy efectivo y entra en esta categoría.

• **Flexibilidad y balance.** Está en tercer lugar dentro de lo que representa una actividad física sana. ¿De qué sirve estar muy fuerte y caminar como el hombre de piedra si no tienes reflejos ni elasticidad? ¿Ya sabes? La finalidad de este ejercicio es mantenerte joven y capaz de reaccionar rápido a una caída repentina, resbalón o tropiezo. Estirar los músculos por medio de la práctica del yoga, *tai chi* o estiramientos lubrica tus coyunturas, te hace más ágil y te ayuda a eliminar los dolores producidos por la rigidez de los músculos. Practicar el balance de tu cuerpo por medio de estas disciplinas te permite tener más concentración y serenidad mental. Está comprobado que quienes son flexibles también son menos propensos a lastimarse cuando se caen.

Practica yoga

• La palabra yoga viene del sánscrito *yuj,* que significa juntar, unir, y *yoke*, dirigir y concentrar tu atención. Como dice el gurú Iyengar en su libro *Light on Yoga*, esta disciplina es la unión de cuerpo, mente y espíritu con lo divino; es la postura del alma que permite ver la vida en todos sus aspectos y lograr la paz interior.

• Beneficios: desarrolla tus músculos, mejora tu postura, alinea tu columna, te hace flexible, mejora el funcionamiento de todos tus órganos, te aleja de la depresión, la ansiedad y, por si fuera poco, ¡moldea tu cuerpo!

• El yoga es un sistema de energía. Si estás desganado, te da vitalidad. Si estás estresado, te relaja.

• Existen varios tipos de yoga, algunos con mucha energía para desarrollar fuerza, otros más tranquilos enfocados en la flexibilidad y la relajación, como: *Ashtanga* yoga, *Hatha* yoga, *Kundalini* yoga o *Mantra* yoga, entre otros.

• Sin importar el que elijas, recuerda que cuando practiques las posturas o *asanas*, debes hacerlo con total conciencia de tu cuerpo y de tu respiración. A eso se le llama *estar en el momento*. Estar presente. Si captas la profundidad de ese estado, tendrás resultados maravillosos que podrás aplicar a tu vida diaria. Todos podemos practicar yoga, sólo tenemos que decidirnos a hacerlo.

Camina, camina, camina...

• Lo único que necesitas es salir y poner un pie frente al otro durante un rato. ¿Ves qué fácil? Los resultados valdrán la pena.

• La fórmula para adelgazar caminando es: camina tan rápido como puedas sintiéndote cómodo y durante el mayor tiempo que puedas. De esta manera quemas más grasa y calorías que si vas despacio. Empieza siempre lentamente, para calentar, y poco a poco aumenta la velocidad.

• El primer día te dolerán los músculos; no te desanimes, sigue y verás cómo tu cuerpo se acostumbra y cada vez serán mayores los beneficios.

• Entre más tiempo aguantes, tu cuerpo deseará sacar la energía de sus depósitos: te desharás de grasas y quemarás las calorías que te sobran. Fantástico, ¿no?

• No se trata de ninguna competencia, así que haz tu caminata lo más disfrutable posible, la única condición es hacerlo todos los días.

• Trata de que el acto de caminar sea parte de tu rutina. Una vez que lo hayas integrado a tus actividades diarias, no querrás dejarlo.

Respuestas a los pretextos más comunes

Para los miembros del club "No hago nada", enlisto a continuación las razones más comunes por las que no hacen ejercicio, y los argumentos positivos para que sí lo hagan:

• **No tengo tiempo.** Si el trabajo no le permite 30 minutos al día al cuerpo para que se ejercite, a la larga el trabajo te pasará la factura. Te meterá en la cama para que atiendas cualquier achaque, así que no lo olvides: la actividad física es la mejor inversión para tu salud. ¡Sólo necesitas media hora! No es nada. Date dos semanas de prueba. Cuando veas lo que el ejercicio hace por tu cuerpo, querrás no dejarlo nunca.

• **Ya para qué.** Nunca es tarde, no importa tu edad. Piensa que aunque tengas 60 años, aún te quedan —de acuerdo con las estadísticas— por lo menos 20 años de vida. Cuando te comprometes con la actividad física, de inmediato sientes los beneficios.

• **No sé cómo.** Hay en el mercado muchos libros con distintas propuestas, DVD's en los que puedes apoyarte, toma clases, inscríbete a un club deportivo. Puedes empezar por salir a caminar y estirarte. Sólo necesitas tus tenis y el deseo de hacerlo. O bien, recuerda tu niñez y sal a dar una vuelta en bici. En realidad, si te decides, todo es muy fácil.

• **De plano, no me gusta.** Cuando no estás acostumbrado a algo, tienes que pelear contra la resistencia del cuerpo a salirse de su zona de comodidad. A veces el cuerpo es muy flojo y está feliz de no hacer nada. No le hagas caso, date la oportunidad de sentirte bien y de verte mejor, así tu autoestima crece.

De verdad me gustaría, querido lector, querida lectora, que después de compartir contigo tantas bondades y beneficios que tiene mover tu cuerpo, abandones el club "No hago nada" y te dispongas hoy a usar tus tenis; elige la opción que más te convenza y te garantizo que te sentirás muy bien de inmediato y, ¡te verás mejor!

DESCUBRE EL PODER VERDE

Todas las mañanas me levanto alrededor de las 6:45 y antes de irme a hacer ejercicio tomo un licuado que contiene tres cucharadas de germen de trigo, amaranto, salvado o quinoa (le varío), una cucharada de proteína en polvo y alguna fruta que mezclo con agua. Esto me proporciona la proteína y el carbohidrato de calidad que mi cuerpo necesita para realizar el ejercicio. Lo aprendí cuando casi me desmayo en el gimnasio por haber sometido mi cuerpo a una hora de ejercicio cardiovascular y media hora de pesas. No me explicaba entonces por qué sufría resfriados frecuentes, ni la debilidad que sentía o la cantidad de veces que bostezaba durante el ejercicio.

Entonces comprobé lo importante que es darle a nuestro cuerpo los alimentos adecuados para que funcione bien. Y en verdad, ¡me siento muy bien!

Después de consultar a varios nutriólogos, comparto contigo, por si te sirve, lo que como en un día normal, entre semana. Sábados y domingos como de todo, y creo que eso es lo que me ayuda a disciplinarme.

Desde que tomo el licuado que te mencioné, mi energía y rendimiento durante el ejercicio es mucho mejor y es raro que me dé una gripa. Al regresar a mi casa, me tomo un jugo hecho de naranja, nopal, piña, un trozo de jengibre, un poco de xoconostle y una pizca de cardamomo —lo consigues en el mercado— con las vitaminas, antioxidantes y suplementos que ingiero; para después meterme a bañar, arreglarme y desayunar.

Tres veces a la semana desayuno algún cereal, tipo avena, All Bran, o amaranto natural con leche de arroz, de soya o de almendra —se consiguen en las tiendas naturistas— con un poco de nuez molida y alguna fruta. Otro día un huevo con verduras o tostadas de pollo para variarle un poco. Y dos tazas de té verde.

Jugo Verde Maravilla

A media mañana me tomo mi Jugo Verde Maravilla, es un jugo hecho de 2 tazas de espinaca, 1 pepino, 1 cabeza de apio, 1 cucharadita de jengibre, 1 puño de perejil, 2 manzanas, el jugo de una lima y el jugo de medio limón. La mezcla de todo en la licuadora te sirve para tres o cuatro días.

Este jugo, que además es rico en antioxidantes, lo disfruto mucho y me ayuda a controlar el hambre; si no salgo de mi casa —porque aquí trabajo— tomo varias tazas de té blanco.

Al medio día por lo general como sopa de alguna verdura, pescado o pollo —carne roja sólo una o dos veces a la semana—, arroz normal o integral que me encanta, o bien dos tortillas, y verdura o ensalada. De postre siempre como alguna fruta de temporada.

En la noche ceno un poco de sopa de verdura que haya en el refrigerador y algo de proteína tipo atún, sardinas, pavo o pescado.

Desde que eliminé los lácteos de mi dieta —porque descubrí que mi cuerpo no los toleraba— he adelgazado, por lo general nunca siento el estómago inflamado y me siento llena de energía. Te invito a que te hagas una prueba de sangre para que conozcas los alimentos que a ti, en particular, no te caen bien. En verdad funciona.

Todo comienza en la boca

Estoy convencida, y me gustaría que tú también lo estuvieras, de que todo comienza con lo que le das de alimento a tu cuerpo. Si a tu organismo le das gasolina de baja calidad, no te ves bien, tus motores trabajan a medias, por eso no te sientes bien, y eso afecta no sólo tu salud, tu estado de ánimo, tu rendimiento, sino hasta ¡tus relaciones! Ésa es la razón de este segundo paso.

En cambio, si a tu cuerpo le das el mejor combustible para que funcione de maravilla —como originalmente fue diseñado—, no sólo estarás mejor equipado para enfrentar cualquier reto, sino que te verás muy bien y te sentirás lleno de energía.

Un Shangri-La[1] real

 Ushi Okushima no ha dejado un solo día de atender su puesto de naranjas en el mercado de Okinawa. Ella se ha convertido en un atractivo más para los turistas, quienes le toman fotos y le piden que les permita tocar su abundante cabellera blanca. La razón de su atractivo es su edad: tiene 103 años. Pero eso no es raro entre los habitantes de Okinawa, isla que se ha vuelto famosa por la longevidad de sus ciudadanos que, en las últimas décadas, ha despertado el interés entre los científicos interesados en este tema. Quienes habitan las 106 bellas islas que comprenden el archipiélago de Okinawa, ubicado al sur de Japón, presumen de ser las personas más longevas y sanas del planeta, en una población de 1.3 millones de habitantes, existen cera de 600 personas mayores de 100 años. (*Time,* 8 de noviembre de 2004).

En la mayoría de los libros que he leído sobre el tema de vivir mejor, el "fenómeno Okinawa" es recurrente. Los científicos han tomado muestras de sangre, presión sanguínea, pulso cardiaco y han analizado detalladamente la dieta y las interacciones sociales de los nativos de la isla. Los han entrevistado acerca de su filosofía y estilo de vida; todo con el propósito de aprender lo que hace que esos isleños tengan tan buena salud y por tanto tiempo.

---

[1] Shangri-La es una expresión que hace referencia a un lugar bello y maravilloso en donde el tiempo se detiene. Tiene origen en la novela *Horizontes perdidos*, de James Hilton. En la novela, Shangri-La es un lugar de los Himalayas; el escritor inglés imaginó dicho lugar basado en la mística ciudad budista de Shambhala.

La pregunta frecuente es si los okinawos están constituidos genéticamente para tener una vida más larga. De acuerdo con las investigaciones, la respuesta a esa pregunta es: no. Los científicos lo saben por una simple razón: los habitantes de Okinawa que se han mudado de las islas o han adoptado un tipo de vida más occidental, influenciados por la presencia militar americana, que incluye comer hamburguesas, pizzas, papas fritas, pollo frito, etcétera, de inmediato desarrollan los mismos patrones enfermizos y su promedio de vida se equipara al de sus vecinos de islas colindantes. Pero lo más importante es que, como afirma el doctor Sanjay Gupta, médico en jefe, corresponsal de la cadena informativa CNN y autor del libro *Chasing Life,* ise pueden aprender algunas cosas de ellos!

¿Cómo viven?

Resulta sorprendente saber que los okinawos no disfrutan de una vida fácil. De hecho, la palabra "retirarse" no existe en su vocabulario. Desde temprana edad caminan mucho, mantienen una vida activa, trabajan muy duro y nunca dejan de hacerlo. Entre los factores principales que hacen diferente el estilo de vida de los okinawos se encuentran los siguientes:

- Un trabajo constante. Los pescadores, campesinos y practicantes de otros oficios trabajan hasta los 80 años, hasta los 90 y si pueden incluso más.
- Muchos realizan artes marciales y practican bailes tradicionales.

• Su dieta, al menos la de las personas mayores, se ha manteni-
do casi igual desde el siglo XVII y es muy diferente a la japonesa
tradicional. Los principales componentes de su alimentación
son productos de soya, sopas, papas moradas (¡sí, moradas!)
llenas de antioxidantes, y carbohidratos complejos como los
del arroz salvaje.

• Siembran y comen sus propias frutas y vegetales, y los in-
gieren en abundancia todos los días. Se alimentan de pescado
varias veces a la semana, así como de puerco, el cual cocinan
por largo tiempo para eliminar toda la grasa posible.

• Consumen mucho té de jazmín y pocos productos lácteos,
poca grasa, carne o azúcar. Su dieta tradicional contiene 500
calorías menos que la típica de una persona occidental, así
como un contenido de sal mucho más moderado.

• Algo muy importante es que tienen la costumbre de empujar
el plato sobre la mesa antes de sentirse satisfechos. A esta
tradición se le llama *hara hachi bu,* y no estaría mal adoptar
esa costumbre. *Hara hachi bu* significa: "Come sólo hasta que
te sientas 80 por ciento satisfecho y luego detente." Desde el
punto de vista de la neurociencia, de acuerdo con el doctor
Gupta, esta costumbre tiene mucho sentido pues el área del
cerebro que te avisa que ya estás satisfecho, por lo general va
unos minutos atrás que el tenedor. Así que tómalo en cuenta:
comer despacio te ayuda a que consumas menos calorías. Si
esperas unos minutos entre bocado y bocado te sentirás notoriamente más lleno, aunque te hubieras estado muriendo de
hambre unos minutos antes.

- A los okinawos les gusta mucho el alcohol, no el vino de arroz (*sake*) de Japón, sino un aguardiente llamado *awamori*, destilado del arroz y añejado en jarras de cerámica.
- En Okinawa, ser una persona mayor es todo un orgullo, algo que se valora y respeta. A los ancianos se les integra en el tejido social, lo cual difiere de la estructura social en Occidente.
- Entre sus habitantes existe una gran conciencia acerca del valor de la ayuda, el apoyo y la reciprocidad. Ésa puede ser una de las razones por las que los estudios muestran muy bajos niveles de estrés.

Ushi Okushima, como todos en la isla, tiene muchos amigos; cuando le preguntaron cuál era el secreto para lograr una vida larga y llena de salud, ella contestó: "Ser feliz." Dijo amar su casa, su isla, a sus amigos y a sus vecinos, no tenía nada de qué arrepentirse, ni deseaba nada. ¿Te das cuenta? Eso es vivir en un verdadero Shangri-La...

Los 14 súper alimentos

Cada vez que eliges lo que vas a comer, tomas decisiones de vida o muerte. Suena fuerte, ¿no? La buena noticia es que hoy tienes la oportunidad —a diferencia de otros tiempos— de escoger los alimentos que harán que tu vida sea más larga, sana y con mejor calidad. Lo único malo es que es difícil disfrutar unos tacos de carnitas o de chicharrón prensado sin sentir culpa.

Si checas bien todas las dietas que promueven la salud, el antienvejecimiento y la prevención de enfermedades, te darás cuenta de que hay 14 alimentos que destacan. Numerosos estudios demuestran que entre más los consumas, más lento será el envejecimiento y menos enfermedades crónicas tendrás. Lo cierto es que, sin importar si tienes 22 o 65 años, en tu siguiente comida tú decidirás cómo quieres pasártela el resto de tus días.

Tienes dos caminos: uno te lleva al placer inmediato y a visitar todas las farmacias, clínicas y hospitales en el futuro. El otro te ofrece amplias probabilidades de correr un maratón en la categoría *senior,* sentirte lleno de energía, jugar luchas con los nietos en el jardín, y al mismo tiempo tener una memoria privilegiada. La opción, como siempre, está en tus manos, o mejor, en tu plato.

Los siguientes alimentos fueron seleccionados por el doctor Steven G. Prats, del Scripps Memorial Hospital, en La Jolla, California, después de investigar su alto contenido nutrimental y la aportación que hacen a la salud; están publicados en su libro *Super Foods*, un *bestseller* del *New York Times*. Esos 14 súper alimentos son:

• **Frijoles**. Es recomendable comer por lo menos media taza a la semana. Incluye todas las clases: pinto, bayo, etcétera, así como lentejas, garbanzos y habas. Son buenos para el corazón, equilibran los niveles de azúcar en la sangre, te dan energía y previenen el cáncer, entre otras bondades. Contienen fitonutrientes, vitaminas, minerales, mucha fibra y son una de las fuentes de proteína más económica y saludable que hay.

• **Moras**. Trata de comer de una a dos tazas diarias, de todas las moras, fresas y uvas moradas. Cuando son pequeñas, combinan más antioxidantes para combatir enfermedades que cualquier otra fruta o vegetal. Se les llama "moras de la juventud" o "moras de la memoria", y se lo merecen. Entre más oscuras sean, mejor.

• **Brócoli**. Trata de comer de media a una taza al día. Incluye crucíferas, col, colecitas de Bruselas y coliflor. La Universidad John Hopkins anunció que un ingrediente que se encuentra en el brócoli, no sólo previno el desarrollo de tumores en un 60 por ciento de un grupo de estudio, sino que redujo el tamaño del tumor desarrollado en un 75 por ciento. El brócoli eleva el sistema inmunológico, baja la incidencia de cataratas, protege el corazón, los huesos y previene defectos en el nacimiento.

• **Avena**. Lo ideal es consumir de cinco a siete raciones al día. Incluye granos enteros, germen de trigo, arroz integral, trigo, amaranto, centeno, cuscús y linaza. La avena contiene un tipo de fibra que funciona como bala mágica contra el colesterol. Previene el cáncer de colon, protege contra los radicales libres e inhibe la formación de ciertos tipos de cáncer. Es baja en calorías, alta en fibra y proteínas.

• **Naranjas**. Por lo menos come una al día. Incluye limones, toronjas, mandarinas y limas. Es mejor comerla en gajos que en jugo. Son increíbles los descubrimientos sobre el poder que tiene la naranja sobre la salud: previene el cáncer, los infartos, la diabetes y otros tantos padecimientos. Tiene efectos antiinflamatorios, antivirales y antialergénicos; además, fortalece los vasos capilares, entre otras cosas.

• **Salmón.** De preferencia, salvaje. Trata de comerlo dos o tres veces a la semana. Incluye también atún en lata, sardinas, trucha, lubina, ostiones y almejas. Por su alto contenido de ácidos grasos Omega-3, ayuda a aumentar el colesterol bueno, reduce la presión sanguínea y estabiliza el ritmo cardiaco, entre otros beneficios.

• **Calabaza amarilla.** Sí, la de Halloween. Con media taza al día es suficiente. En el mismo grupo están las zanahorias, los pimientos amarillos y el camote. Esta calabaza es de los alimentos más nutritivos conocidos por el hombre. La combinación de carotenoides que posee es uno de los mejores antioxidantes, además de que disminuyen el riesgo de varios tipos de cáncer.

• **Soya.** Intenta consumir, al menos, quince gramos al día. Incluye todas sus formas: leche, tofu, germen, edamames, miso y nueces (no en salsa). Los isoflavonoides actúan como antioxidantes y como estrógenos, entre otros beneficios.

• **Espinacas.** Come diariamente una taza, si son hervidas; o dos, si son crudas. Popeye las recomendaba sólo por el hierro; sin embargo, hoy sabemos que es la sinergia de sus amplias propiedades y fitonutrientes lo que hace que estas hojas verdes sean unas superestrellas. Mencionar aquí sus beneficios llenaría muchas páginas, ¡mejor cómetelas!

• **Té.** Trata de tomar una o más tazas a diario. Incluye té blanco, verde, rojo, *oolong* y negro, que pertenecen a la misma planta, pero varía en el proceso de fermentación de las hojas (los beneficios del té los expongo detalladamente más adelante).

• **Jitomates.** Crudos, cocidos, deshidratados, en jugo o salsa, consúmelos muchas veces a la semana. Contienen el poder rojo del licopeno que tiene una gran cantidad de propiedades biológicas únicas que no sólo ayudan a mitigar el cáncer, sino que son una parte importante de la red de antioxidantes para la piel. Es como un bloqueador solar interno. Ayuda contra la degeneración macular.

• **Pavo.** Lo mejor es la pechuga sin grasa. Come tres o cuatro raciones a la semana. Es muy bueno para el corazón, fortalece el sistema inmunológico, es una fuente de selenio, esencial para numerosas funciones básicas del organismo, entre otras tantas propiedades.

• **Nueces.** Trata de comer media taza cinco veces a la semana. Incluye almendras, pistaches, cacahuates, semillas de ajonjolí, calabaza, avellanas y nuez de la India. Comer estas delicias con moderación, reduce entre 15 y 55 por ciento el riesgo de tener un infarto, según el Doctor Steven G. Prats, como ya dije, autor de *Super Foods*. Disminuyen también los niveles de colesterol, el riesgo de diabetes, cáncer, enfermedades coronarias y otros padecimientos.

• **Yogur.** Se ha comprobado que si comes el yogurt natural hecho de bacilos, se reducen las bacterias nocivas en las vías respiratorias y urinarias. Una o dos tazas diariamente es lo aconsejable. Tiene múltiples beneficios que estimulan el sistema inmunológico dentro y fuera del tracto gastrointestinal.

Recuerda que sentirte sano y con energía es algo que sólo valoras cuando no lo tienes; mejor evita problemas de salud y aliméntate bien.

La Dieta Alcalina

El otro día, mientras platicaba con un amigo sobre la diferencia entre curarte con medicamentos alópatas y usar un medio alternativo, llegamos a la irónica conclusión de que luego de años de numerosos estudios científicos, del descubrimiento de los antibióticos, los millones de dólares invertidos en investigación médica y tecnológica para curar enfermedades, así como en el trabajo con alimentos que duren más, luzcan y sepan mejor, los humanos tenemos muchos más retos de salud que nuestros abuelos. ¿No es increíble?

Sin duda, hoy hay más obesidad, existe mayor propensión a enfermedades como el cáncer, la diabetes y otros padecimientos crónico-degenerativos. Es más, actualmente la falta de energía, las gripas frecuentes, los trastornos de ansiedad, los dolores musculares, la irritabilidad o los dolores de cabeza son problemas comunes.

Esto coincide con el aumento impresionante en el consumo de alimentos que forman ácidos como el azúcar, las grasas saturadas, panes blancos, refrescos, entre otros. Al mismo tiempo, el consumo de frutas y verduras, y de ácidos grasos esenciales ha disminuido dramáticamente. Por no mencionar la cantidad de alimentos chatarra que inunda las tiendas y almacenes. Por eso, no lo olvides: la clave está en la alimentación.

Mi abuelo —quien en las mañanas preparaba a sus hijas un licuado con todo y el cascarón del huevo— me heredó el gusto por los remedios naturales. Es innegable que la alimentación de nuestros ancestros era muy diferente a la actual. Lo que comían era natural y orgánico; no era procesado ni tenía conservadores, no estaba aderezado con hormonas o químicos de nombres impronunciables.

Siempre me ha interesado buscar alternativas saludables para la buena alimentación, y por esta razón comparto contigo la Dieta Alcalina, uno de los últimos descubrimientos en nutrición, que me parece muy útil, fácil de seguir y que resume de manera sencilla lo que otras dietas modernas proclaman. Además, te puedo asegurar que no sólo adelgazas al seguirla, sino que también mejora tu digestión, adquieres la energía de un niño, incrementa la claridad mental y el bienestar general.

¿Cuál es la base de la Dieta Alcalina?

Los alimentos, por lo general, se clasifican en ácidos o alcalinos, según los valores de pH y el tipo de residuo que dejan en el cuerpo humano después de ser metabolizados, lo cual está sujeto a su contenido mineral.

Nuestra sangre es ligeramente alcalina, con un nivel de pH normal entre 7.35 y 7.45. Si está más alto o más bajo de este rango, se traducirá en una serie de síntomas y enfermedades. Si baja de 6.8 o sube de 7.8, las células dejan de funcionar y el cuerpo muere. Por consiguiente, el organismo lucha siempre por mantener su equilibrio. La teoría detrás de la Dieta Alcalina es que los alimentos deben reflejar el nivel de la sangre y ser en su mayoría alcalinos o de tendencia más alcalina.

Una dieta alta en alimentos que producen ácido, interrumpe este balance y promueve la pérdida de minerales esenciales como potasio, magnesio, calcio y sodio. El cuerpo, entonces, pide prestados estos minerales a órganos vitales y huesos para neutralizar el ácido en la sangre y así restablecer su equilibrio.

Cuando en el cuerpo hay demasiados residuos ácidos o alcalinos, pueden presentarse graves problemas de salud. Lo ideal, como en todo, es mantener un balance. En este caso del 80/20.

El doctor Robert O. Young, científico pionero y autor del libro *El milagro del pH,* afirma: "Tu salud depende de que exista un ambiente alcalino en tu cuerpo, mismo que se crea al comer alimentos como aguacate, jitomate y verduras verdes. Para lograr el balance 80/20 debes comer entre 70 y 80 por ciento de alimentos alcalinos y 20 y 30 de ácidos. Así regulas la química ácido/alcalina de tu cuerpo a través de cambios sencillos que pueden ocasionar pérdida de peso, aumento de energía y un sistema inmunológico más fuerte, con lo que obtendrás un sentido mayor de bienestar."

Maravilloso, ¿no? Por cierto, el término "pH" se refiere al "poder del Hidrógeno" y proviene de una fórmula química para calcular la concentración de iones de hidrógeno presentes en una sustancia. Un pH 7 es neutro. Un pH superior a 7 es alcalino. Un pH inferior a 7 es ácido. El agua pura, por ejemplo, tiene pH 7. Entre más alto es el pH de un fluido, significa que contiene más oxígeno; entre más bajo, indica menor cantidad de este elemento.

No lo olvides: los alimentos que contienen minerales alcalinos (que dejan una ceniza) son los que te benefician:

fruta fresca, vegetales, raíces, tubérculos, nueces, legumbres y alimentos bajos en azúcares. Con los alimentos que dejan una ceniza ácida (dulces, alcohol, grasas saturadas, sal, carne, queso, harinas blancas, leche, entre otros), debes tener cuidado porque en exceso generan problemas de salud. Ahora te diré: es curioso, pero aunque el jugo de naranja o de limón son ácidos en su estado natural, se convierten en alcalinos una vez metabolizados en el cuerpo. La mayoría de las frutas son alcalinas, con pocas excepciones como arándanos, ciruelas y ciruelas pasas.

Si quieres ir más a fondo, puedes probar tu acidez o alcalinidad con tiras para medir el pH. Simplemente humedece el papel especial con tu saliva una hora antes de comer, o bien dos horas después de tomar tus alimentos. Los expertos dicen que aunque la saliva es más ácida que la sangre, es un buen indicador para saber cómo se encuentra tu acidez. El pH óptimo para la saliva es de 6.4 a 6.8. Una lectura menor significa pocas reservas alcalinas. Si tu cuerpo varía entre rangos de 6.5 a 7.5 está saludable. Por eso, es importante que tu alimentación diaria ayude a mantener el balance ácido/alcalino de tu cuerpo.

Comparto contigo la lista de algunos alimentos alcalinos y ácidos para que sepas cómo balancear tu alimentación:

GRUPO DE ALIMENTOS	ALCALINOS 70-80 %	ÁCIDOS 20-30 %
LEGUMINOSAS, VEGETALES, LEGUMBRES	Aceituna Apio Alcachofa Alfalfa Ajo Berenjena Betabel Berro Brócoli Calabaza Cebolla Cebolleta Col Coliflor Champiñón Ejote Espárrago Espinaca cruda Gérmen Guisantes Haba verde Hongo shitake Hierba de cebada Jitomate Lechuga Maíz fresco Nabo Papa Pepino Pimiento Rábano Setas Soya Tomate Zanahoria	Chícharo Espinaca cocinada Frijol pinto Garbanzo Alubia Cáscara de papa Vegetales en escabeche

GRUPO DE ALIMENTOS	ALCALINOS 70-80 %	ÁCIDOS 20-30 %
FRUTAS	Aguacate Cereza Coco Dátiles Durazno Frambuesa Fresa Grosella Higo Higo seco Kiwi Lima Limón Mandarina Mango Manzana Melocotón Melón Melón verde Mora Naranja Nectarina Papaya Pasa Pera Piña Plátano Sandía Toronja Uva Zarzamora	Arándano Ciruela pasa Ciruelo Fruta en conserva Jugos de fruta procesados Plátano

GRUPO DE ALIMENTOS	ALCALINOS 70-80 %	ÁCIDOS 20-30 %
GRANOS Y CEREALES	Amaranto Arroz salvaje Avena Lenteja Maíz Mijo Quínoa Semillas de calabaza Semillas de girasol Semillas de sésamo Semillas de comino Semillas de lino	Arroz blanco Los cereales que contengan malta o azúcares Cebada Centeno Galletas Pan blanco Pan de centeno Pan integral Pasta Pastel Salvado Trigo
PROTEÍNAS DE ORIGEN ANIMAL	Carnes que no sean rojas (en moderación) pescado, pollo y pavo orgánico	Almeja Atún en conserva Carne ahumada Carne de cerdo Carne de conejo Carne de res Carne de venado Cordero Crustáceos Hígado Langosta Ostra Pavo procesado Pescados (salmón, carpa, bacalao) Pollo con hormonas Sardina Ternera

GRUPO DE ALIMENTOS	ALCALINOS 70-80 %	ÁCIDOS 20-30 %
HUEVO Y LÁCTEOS	Huevo cocinado Leche de cabra Leche de soya Leche materna Queso fresco Queso de cabra Queso de soya Requesón Suero de la leche Yogur de lactobacilos	Crema Helado Huevo crudo Leche entera Mantequilla Queso crema Queso cottage Requesón Yogur
OLEAGINOSAS	Almendra Avellana Castaña Nuez	Cacahuate Pistache
GRASAS	Aceite de canola Aceite de semilla de lino Aceite de oliva	Aceite de girasol Aceite de maíz Aceite del aguacate Manteca de cerdo Margarina
BEBIDAS	Agua de limón Agua mineral Jugo de fruta Jugo de vegetales Leche orgánica Té de ginseng Té de jengibre Té verde	Café Cerveza Cocoa Licor Malteada Refresco / Gaseosa Té negro Vino

GRUPO DE ALIMENTOS	ALCALINOS 70-80 %	ÁCIDOS 20-30 %
ENDULZANTES Y CONDIMENTOS	Chile Curry Estevia Jarabe de arroz Jarabe de maple Jengibre Miel pura Mostaza Pimienta Sal del mar	Azúcar morena Azúcar refinada Chocolate con leche Endulzantes artificiales Maple syrup Mayonesa Melaza Mermelada Miel procesada Pasta / Sopa Salsa de tomate embotellada Vinagre

En el mundo de la nutrición moderna siempre está presente el consumo de frutas y verduras —lo ideal es de cinco a nueve raciones al día— porque contienen fitoquímicos, antioxidantes, fibra, vitaminas, minerales y nutrientes que, combinados, protegen al cuerpo y te hacen sentir lleno de energía. Además, son de baja densidad calórica, lo que significa que tienen menos calorías por mordida y un alto contenido de agua y fibra; por eso te hacen sentir satisfecho y desplazan a alimentos más calóricos y menos sanos.

¿Por qué no comienzas por hacer de la alimentación un remedio natural para sentirte mejor? No te arrepentirás. Recuerda: el balance es la clave y la dieta alcalina es una buena forma de comenzar.

Otra razón más...

Como ya mencioné, los carbohidratos refinados y las grasas procesadas, además de ser ácidos para el cuerpo, también son la receta perfecta para acelerar el envejecimiento. Así que, ¡ojo! Y es que todo lo que sean donas, golosinas, refrescos, papas fritas, pasteles, etcétera, elevan el azúcar en la sangre y, por tanto, los niveles de insulina. Sin mencionar las enfermedades que se derivan de comer alimentos chatarra, considera que tu cuerpo genera grandes cantidades de radicales libres que dañan las células del organismo.

¿Qué son los **radicales libres?**

Puedes comparar los radicales libres con un clavo que poncha la llanta de un coche: provoca que el coche se salga de control y se impacte contra el auto que está adelante, que choca a su vez con el que le precede y continúa así hasta formar una cadena de coches chocados. En el cuerpo, lo que queda después de que han actuado los radicales libres es una serie de células dañadas que, acumuladas, causan las enfermedades del envejecimiento.

Otros elementos que estimulan la producción de radicales libres son la comida frita, el exceso en los alimentos, las harinas blancas, azúcares, el cigarro, el esmog, los pesticidas y los químicos industriales, entre otros. Sorpresivamente, hacer ejercicio en forma exagerada también los genera.

Antioxidantes al rescate

¿Tal vez te has preguntado qué son los antioxidantes? Déjame decirte que son elementos de nuestro organismo encargados de eliminar a los radicales libres. El cuerpo los produce de manera natural para defenderse de la cadena de destrucción. Los antioxidantes también son capaces de disminuir o prevenir la oxidación de otras moléculas. Debes saber que aunque las reacciones de oxidación son cruciales para la vida, también pueden ser muy dañinas.

El estrés oxidativo puede detonar muchas enfermedades. Se ha comprobado que al consumir antioxidantes como glutatión, vitamina C, vitamina E, vitamina A, Beta-caroteno, luteína, licopeno, selenio, flavonoides, resveratrol, entre otros, de manera natural o por medio de suplementos, previenes numerosas enfermedades. Así que aprovecha los antioxidantes de los alimentos y los que vienen adicionados en algunos suplementos alimenticios, pues son grandes defensores de la célula, capaces de cumplir con sus funciones en tu organismo, solos o en equipo.

Los antioxidantes estrella. Las mejores fuentes de antioxidantes, no están en las píldoras, sino en los alimentos. Saqué la información para esta tabla de antioxidantes en los alimentos de un estudio del doctor Ronald L. Prior, realizado en 2004 por este químico y nutriólogo del United States Department of Agriculture's Arkansas Children's Nutrition Center.

CATEGORÍA	ALIMENTO	PORCIÓN
1	Frijol rojo (secos-deshidratados)	1/2 taza
2	Mora	1 taza
3	Haba de riñón roja (secas-deshidratadas)	1/2 taza
4	Frijol pinto	1/2 taza
5	Col rizada	1 taza
6	Arándano rojo	1 taza
7	Alcachofa cocida	1 taza (centro-corazón)
8	Zarzamora	1 taza
9	Pasa	1/2 taza
10	Frambuesa	1 taza
11	Fresa	1 taza
12	Manzana roja	1 pieza
13	Manzana verde	1 pieza
14	Nuez	1 onza = 28.35 g
15	Cereza	1 taza
16	Ciruela negra	1 pieza
17	Camote	1 pieza
18	Frijol negro (secos-deshidratados)	1/2 taza
19	Kiwi	1 pieza
20	Manzana Gala (amarillo-anaranjado con líneas rojas en su piel)	1 pieza

Estudios realizados comprobaron que los niveles de antioxidantes en un grupo de personas aumentaron cuatro horas después de haber consumido moras, espinacas, vino tinto y vitamina C. Sus niveles de antioxidantes brincaron de un 7 a un 25 por ciento. Maravilloso, ¿no?

Asimismo, ya viste que las frutas y verduras están llenas de antioxidantes y bioflavonoides (químicos de la planta) con propiedades anticancerígenas. Lo mismo los vegetales (especialmente los que tienen hojas verdes como espinaca, acelga y quelite), ajo, brócoli y betabel.

Existen también los antiinflamatorios naturales como la cúrcuma y el resveratrol que se encuentran en el vino tinto o en suplementos alimenticios.

Es importante saber que cada antioxidante neutraliza a un grupo específico de radicales libres; por eso tienes que tomar varios antioxidantes combinados, no sólo uno.

Mejores, buenas, malas y peores

Actualmente la palabra *grasa* es casi una grosería. Muchas personas suelen alejarse de las grasas como si estuvieran frente a un criminal. Se habla de tantas grasas "nuevas": *trans*, saturadas, poliinsaturada, monosaturada, hidrogenada, que la mayoría estamos totalmente confundidos. ¿Cuál es la buena y cuál es la mala?

Pero, ¿sabías que las grasas son necesarias en la dieta? Contienen elementos vitales para el proceso digestivo.

Además, ¿qué crees? No necesariamente engordan. Y como el cuerpo "ama" las grasas, hace todo lo posible para tentarte a consumirlas, por eso es común que se te dificulte controlarlas.

Los alimentos que no contienen grasa requieren de un largo proceso para transformarse en células grasas que se encuentran alrededor de la cintura y de la cadera; los que sí contienen grasa, resbalan y solitos se acomodan.

Procesar las grasas requiere energía y tu cuerpo odia desperdiciarla. ¡Necesita gastar alrededor de 20 a 25 por ciento de energía en un alimento no graso, sólo para procesarlo! Así que tu cuerpo de plano prefiere la grasa. Por eso es tan difícil resistirse a una carne jugosa, al pastel de chocolate y al helado de fresa. Pero ten cuidado: como la grasa contiene el doble de calorías por gramo que los carbohidratos y las proteínas, fíjate bien en la cantidad que consumes.

Los cuatro tipos de grasa

Además de limitar la cantidad, checa el "tipo" de grasa que tienen los alimentos, es crítica para tu salud, en especial la del corazón.

- **Las "peores"**. Las grasas potencialmente más peligrosas son las hechas con aceites vegetales que se tratan con calor y agua para engrosarlas. Con este proceso se convierten en grasa hidrogenada o *trans*, que adquiere las peores características de las grasas saturadas. Un día alguien descubrió que al freír las papas con este tipo de grasa duraban más tiempo sin hacerse rancias y, además, el proceso era más barato. Están presentes en la comida chatarra, los productos horneados y algunos cereales de caja. Revisa la etiqueta y si encuentras las frases: "grasa hidrogenada" o "grasa parcialmente hidrogenada", evítalas.

● **Las "malas".** A estas grasas se les llama saturadas y las reconoces fácilmente porque se solidifican a temperatura ambiente y casi siempre provienen de animales: mantequilla, queso, margarina y carne. Hay también otros dos aceites vegetales que tienes que vigilar: el aceite de coco y el aceite de palma (tropicales) porque son muy baratos y se usan mucho en comida chatarra, en especial en galletas y donas. Las grasas saturadas son las principales responsables de engrosar las arterias, causar infartos y ataques al corazón.

● **Las "buenas".** Se les llama poliinsaturadas y están libres de colesterol. A esta categoría pertenece la mayor parte de los aceites vegetales, como el de maíz o girasol.

● **Las "mejores".** Son las monosaturadas y se encuentran en aceitunas, cacahuates, almendras, aceite de oliva y de canola. Son benéficas para el corazón y reducen el colesterol. Encabezan la lista las grasas Omega-3 y las encuentras en pescados como el salmón, en la linaza y en los aceites de canola.

Espero que esta información te sirva para equilibrar tu alimentación y te anime a continuar con tu dieta, si es que tu propósito es bajar de peso o, simplemente, a llevar una nutrición balanceada para vivir más saludable. Créeme, tu corazón te lo agradecerá.

Sazona tu cuerpo y tu cerebro

Así es, itienes que sazonar tu cuerpo y tu cerebro! Puedes lograrlo con hierbas y especias que se digieren fácilmente y fortalecen tu metabolismo, incrementan la dopamina (importante neurotransmisor) y son muy nutritivas. Entre ellas se encuentran: jengibre, pimienta negra, menta, salvia, canela, bálsamo de limón y, en especial, la cúrcuma o turmeric.

Comparto contigo algunos beneficios de sazonar tu comida con especias, además del delicioso sabor que agregan a los alimentos.

Jengibre

Al principio de este libro hablé del doctor Andrew Weill y su libro *8 Weeks to Optimum Health,* del que ahora cito la siguiente frase que se me quedó muy grabada: "Si la gente me pidiera sólo dos consejos para vivir más y mejor, les diría: respira bien y come jengibre."

Ya te hablé de los beneficios de la respiración pero tal vez te preguntes, ¿beneficios del jengibre? Pues sí, es una especia maravillosa que en China e India utilizan desde hace siglos como tónico para la salud y como base de diversas medicinas, ipues tiene imás de 400 propiedades! De verdad es maravilloso. No creerías tantas virtudes del jengibre, y si te dijera todas pensarías que es el discurso de un merólico de antaño, hablando de un jarabe mágico. Lamentablemente, como no forma parte de la dieta cotidiana nos hemos perdido de sus beneficios. Pero nunca es tarde. Puedes comerlo fresco, seco, cristalizado, en té —que es una delicia— o en cápsulas. Se sabe que Confucio siempre acompañaba sus alimentos con jengibre.

Entre sus múltiples propiedades, cabe destacar:

- ¿Sientes que te va a dar gripe? Nada mejor que comer jengibre o tomarlo en un té, por su alto contenido de vitamina C.
- Es un potente antioxidante y, según la medicina china, fortalece la resistencia natural del cuerpo para que no te enfermes.
- Además, aumenta la termogénesis (el calor en el cuerpo).
- Estimula la digestión, aplaca estómagos indigestos, inhibe la diarrea, fortalece las paredes del tracto intestinal y protege de las úlceras estomacales. Además, abarca un amplio espectro para atacar los parásitos intestinales (Salmonella y Vibrio).
- Muchos de los compuestos del jengibre son, como la aspirina o el ibuprofeno, potentes inhibidores de sustancias inflamatorias, con la gran ventaja de que no tiene efectos secundarios.
- En Japón existe un remedio muy popular que es la compresa de jengibre para quitar dolores, extraer toxinas, infecciones, incluso formaciones malignas en la superficie de la piel. Consiste en moler jengibre fresco, mezclarlo con agua caliente, esparcirlo en una tela y aplicarlo sobre el área que duele. Se cubre con toallas calientes y se cambia con frecuencia.
- Para combatir dolores reumáticos, el doctor Jacob Teitel-

baum, internista especialista en fatiga crónica y fibromialgia, autor del libro *From Fatigued to Fantastic*, recomienda un gramo al día de jengibre seco (dos cápsulas). Si el dolor es agudo, al principio se puede repetir la dosis de tres a cuatro veces al día y se reduce la dosis en cuatro semanas.

• El jengibre fresco y el seco tienen diferentes usos y propiedades. El primero es alto en *gingerol*, y el segundo alto en *shogaol*. Este último es muy recomendado por sus poderes antiinflamatorios y analgésicos. Lo ideal es ingerirlo de las dos formas.

• Alivia migrañas, tonifica el sistema circulatorio y bloquea algunos carcinógenos que causan mutaciones en el ADN.

• Puede disminuir el riesgo de padecer enfermedades del corazón al inhibir la formación de plaquetas y bajar el colesterol. Aumenta la presión sanguínea lo que beneficia a quienes tienden a tener presión baja. Es bueno advertir que sólo el jengibre seco favorece en estos casos.

Los efectos secundarios son mínimos. En muy altas dosis y en un estómago vacío puede causar problemas.

Cómo preparar el té de jengibre

• Hierve unos 10 gramos de jengibre (lo golpeas un poco previamente para que suelte más fácilmente sus propiedades). Por otro lado, muele en la licuadora un pequeño trozo del mismo jengibre sin cáscara (hay que pelarlo justo antes de licuarlo, para que sus aceites activos no se evaporen) y mézclalo con lo hervido. Puedes endulzarlo con un poco de miel de abeja, si deseas. Incorpora esta gran especia milenaria a tu vida. No te costará trabajo acostumbrarte y verás que ite hará verte bien y sentirte mejor!

Turmeric

El turmeric es un polvo aromático de color amarillo encendido, tipo azafrán, que se obtiene de la cúrcuma, una raíz familiar del jengibre. Se encuentra también en la mostaza. El doctor Eric R. Braverman, autor de *Younger You,* llama al turmeric "la especie de la vida", ya que es un gran estimulante de la acetil-colina, la mensajera química principal que contribuye a formar un cerebro más rápido y joven.

Se ha comprobado que el turmeric y su componente activo, la cúrcuma, desbloquean la amiloidea —una sustancia como la cera que bloquea las carreteras del cerebro—, sin la cual piensas mucho más claro.

¿Sabías que India es uno de los países con menor índice de Alzheimer en el mundo? Y la razón puede estar en su comida. El consumo diario del turmeric —el principal ingrediente del curry— puede ser el factor, porque los experimentos con animales demuestran su efecto protector.

Según el doctor Andrew Weill, el turmeric aumenta el flujo sanguíneo y mejora el aspecto de la piel, fortalece el sistema inmunológico, tiene potentes propiedades antiinflamatorias, limpia el cuerpo de manera natural y protege el hígado.

Lo puedes encontrar en forma de cápsulas en tiendas naturistas o como suplemento alimenticio, aunque en general suele tener sólo cúrcuma, su componente activo. El herbalista, Paul Schulick afirma que las investigaciones apuntan a que el turmeric (y la cúrcuma) protegen de enfermedades cardiacas, de diabetes y cáncer.

En lo personal me ha funcionado poner el turmeric en un salero de mesa y procuro sazonar mis alimentos (la sopa o un guisado) con él, motivada por la gran información de este polvo tan efectivo. ¡Pruébalo, nada pierdes y tendrás muchos beneficios en tu salud!

Canela

La canela es otra de las especias estrella que, según el doctor Nicholas Perricone, autor de *Ageless Face, Ageless Mind*, si se consumiera con más frecuencia, estaríamos más sanos.

Los estudios comprueban que la canela reduce significativamente los niveles de glucosa, triglicéridos y colesterol en la sangre y puede ser benéfica para las personas con diabetes. En un estudio patrocinado por el gobierno de Estados Unidos, se demostró que cuando la gente comía pay de manzana, sus niveles de glucosa en la sangre permanecían normales, contrario a lo que se esperaba, ya que este postre es alto en azúcar.

Según los investigadores, esto se debe a que el pay de manzana contiene canela y ésta mejora el metabolismo del azúcar en las células grasas. Es por ello que no aumenta la obesidad. Sin embargo, sólo se debe ingerir media cucharadita al día. Agrégala a tu avena, cereal y postres.

El simple aroma de la canela estimula los procesos cognoscitivos del cerebro, incluyendo la memoria, la atención y la velocidad visual y motora. Sus aceites esenciales ayudan a detener el crecimiento de bacterias y hongos, como la *Candida albicans*, resistente a medicamentos comunes, como el Fluconazol. La canela previene la oxidación de las células tanto como la menta. La puedes encontrar en cápsulas de un gramo.

Como ves, hay maravillas naturales para la salud en los alimentos y especias. Si te decides a utilizarlas en tu alimentación diaria te sentirás mejor.

¡Hay que comer chiles!

Sin duda lo has sentido, por equivocación o por placer: un fuego explosivo invade tu boca, tu lengua y la garganta. Sientes que todo arde en tu boca angustiosamente, la cara enrojece, los labios forman una O mayúscula y emites jadeos al mismo tiempo que tus ojos lagrimean, la frente suda y te sale vapor por las orejas. Bebes agua con la esperanza de que el picor se calme, pero de nada sirve.

¿Por qué te torturas? Es inquietante saber que a cuatro de cada cinco personas en el mundo les gusta comer chile y que su consumo aumenta día a día. Incluso hay quien no concibe un alimento sin este pequeño diablo.

Lo bueno es que todos los chiles contienen capsaicina. Entre más picante es el chile más capsaicina. Esta sustancia es un extraordinario antiinflamatorio, analgésico, anticancerígeno y muy saludable para el corazón. La puedes encontrar en los chiles frescos, secos, en vinagre y en las salsas picantes embotelladas. Los principales beneficios de los chiles y de su sustancia activa, la capsaicina, son:

• **Vitaminas.** Son una maravillosa fuente de vitamina A, tienen el doble de vitamina C que los cítricos y fortalecen el sistema inmunológico.

• **Antienvejecimiento.** Los chiles tienen una alta concentración de dos grandes antioxidantes: beta carotenos y flavonoides que neutralizan los radicales libres.

• **Ayuda al dolor de cabeza.** Cada vez que algo te duele, un neurotransmisor llamado sustancia P se activa, provocando que ese dolor persista y que la zona afectada se inflame. Las investigaciones demuestran que, al consumir alimentos que contengan capsaicina (chiles), se puede suprimir temporalmente la producción de la sustancia P. La capsaicina inhalada en aerosol es muy efectiva para aliviar migrañas, dolores de cabeza y del trigémino.

• **Ayuda a aliviar la artritis.** Es muy común que las personas que sufren de artritis contengan altos niveles de sustancia P en su sangre y en el líquido sinovial que lubrica las coyunturas. Una vez más, consumir alimentos con capsaicina o aplicarla de manera tópica puede proporcionar un gran alivio.

• **Ayuda a aliviar la sinusitis.** La capsaicina también posee fuertes propiedades antibacteriales, aparte de ser muy efectiva para prevenir y atacar las infecciones crónicas de los senos paranasales (sinusitis).

• **Antiinflamatorio.** La capsaicina es un potente antiinflamatorio, alivia dolores musculares y reumáticos.

• **Colesterol.** Ingerir alimentos picantes disminuye el colesterol malo.

• **Protege el estómago y ayuda a la digestión.** El consumo de capsaicina provoca que el estómago genere más mucosidad, lo que protege al órgano de sus propios ácidos gástricos. "Ahora, mientras el estómago esté sano", me dice el doctor José María Zubirán, "el chile no irrita el estómago. Si éste ya está dañado, entonces sí se debe evitar el consumo de irritantes".

• **Anticancerígeno.** Los estudios comprueban que ingerir diariamente la capsaicina puede prevenir algunos tipos de cáncer. Por ejemplo, en los países de Centro y Sudamérica, el índice de cáncer de intestino, colon y estómago es mucho menor que los reportados en Estados Unidos. Esto se atribuye al consumo frecuente del chile. A su vez, en China y Japón descubrieron que esta sustancia inhibe directamente el crecimiento de células con leucemia.

• **Quema las grasas.** ¡Por si fuera poco la capsaicina es un agente termogénito que ayuda a elevar la actividad metabólica, ayudando así al cuerpo a quemar grasas y calorías!

• **Produce endorfinas.** Comer chile genera un estado placentero que, a su vez, provoca una sensación similar a la de estar deliciosamente aturdido.

¿Será por todo lo anterior que cada vez hay más seguidores del chile? ¡Como si fuera una droga! La gente que lo busca quiere comer sano y delicioso aunque tenga lumbre en sus alimentos. Pero bueno, no olvides que, además de muy sabrosos, son muy buenos para la salud. ¡Hay que comer chiles!

Toma té **para rejuvenecer**

 Una taza de té, bebida sin prisa, cómodamente sentado para consentirte a media mañana o a media tarde es una delicia, y si se acompaña de un pedazo de chocolate oscuro, iah!... es realmente maravilloso.

Sí, ya sé. Según los adictos a la cafeína, el té no tiene gracia. Si tú eres de los que prefieres el café, es bueno que conozcas las bondades del té: tomarlo te revitaliza, te mantiene más joven y saludable. Sus componentes, como potasio, ácido fólico, manganeso, vitamina C, B, B1 y B2, crean defensas contra los radicales libres o toxinas que pueden alterar la estructura química de las células, que afectan al ADN. Sin el té, tu ADN empieza a envejecer y, por supuesto, tú también.

Un reporte del *American Journal of Epidemiology* sobre el consumo del té y las enfermedades cardiovasculares, afirma que por cada tres tazas de té que una persona beba al día, tendrá una reducción de riesgo de infarto de 23 a 66 por ciento. Vale la pena tomar té, ¿no crees?

Después del agua, el té es la bebida que más se consume en el mundo. Aunque la ciencia apenas hace 20 años ha empezado a estudiar y a comprobar sus numerosos beneficios, los arqueólogos han encontrado evidencias del uso del té hace más de 500 mil años.

Los principales tipos de té que hay, como ya lo anoté, son: blanco, negro, verde y *oolong*, que vienen de la misma planta. La diferencia en el color y el sabor resulta del grado de fermentación que las hojas tengan durante su cosecha. Ésta determina el tipo y la cantidad de flavonoides que conserve el producto final.

Los flavonoides tienen asombrosos poderes medicinales: mejoran la circulación, evitan que se forme la placa de grasa en el corazón, fortalecen las paredes de las venas y previenen algunos tipos de cáncer. Se encuentran en frutas, vegetales, especias y tés.

Aunque debes saber que los tés herbales no se consideran propiamente té. Son infusiones de plantas con propiedades maravillosas, pero no contienen los antioxidantes que hacen al té tan meritorio y benéfico. Precisamente, por la cantidad de antioxidantes que contiene, tomar té verde diariamente rejuvenece los huesos de las mujeres, según afirma el doctor Michael F. Roizen en su libro *The Real Age Diet*. También debes saber que el té reduce el riesgo de fractura de huesos tan frecuente en la osteoporosis.

Un estudio en 2003 reveló que las catequinas del té verde bajan de forma sensible los niveles de colesterol malo, así como la grasa del cuerpo, 5 por ciento en tres meses. ¡Además adelgaza!

Por supuesto, algún "defecto" tenía que tener: sus 35 mg de cafeína por taza, lo que no es nada, comparado con los 100 mg de cafeína que contiene una taza de café.

El rey de los tés, el que tiene más alto el índice de propiedades, es el té blanco de China. No tiene color y su sabor es muy delicado. Mientras que, en cuanto a la cantidad de antioxidantes, el té de *rooibos* de África del sur es una maravilla.

Le siguen el té verde, el *oolong* y el negro. Los conocedores aconsejan hervir las hojas y no consumirlo en bolsita. Y, evidentemente, no tomar las bebidas de té que vienen ya preparadas y endulzadas.

Aunque culturalmente no acostumbramos tomarlo, si educamos a nuestro paladar a este delicioso y sofisticado sabor, tu salud, tu piel y todo tu cuerpo te lo van a agradecer. Así que ia tomar té!

Droga y afrodisíaco

 Son las cinco de la tarde y María busca en todos sus cajones, desesperada. Ya no le queda ni un pedacito. Como cada tarde, el ansia se presenta sin falta. Disciplinada como es, hace ejercicio, cuida su alimentación, no fuma, casi no bebe, cuenta sus calorías, pero María no puede controlarse ante su presencia. Nada sustituye la sensación de placer, de bienestar y confort que le proporciona. Es como si al ingerirlo entrara en un trance delicioso. iTenerlo en la boca es algo maravilloso, majestuoso, soberbio, inspirador, sagrado, diabólico, encantador y cautivante! Su sabor y aroma, así como la sensación agradable en la boca, mejora su humor, promueve su sensualidad, la complace y le inspira un sentido de delicia serena y suntuosa. Pero, ¿qué es lo que produce tales emociones extremas e intensas? iEl chocolate!

María, al igual que muchos personajes célebres como Moctezuma, Calderón de la Barca, Rubén Darío, Napoleón Bonaparte, Casanova, Madame Du Barry, el Papa Paulo VI, Agatha Christie y Neil Armstrong, entre muchos otros, tiene ese deseo irrefrenable, compulsivo de consumir el delicioso chocolate. Hay personas que incluso consideran la comida como un camino tortuoso para llegar al postre. Especialmente si se trata de algún postre elaborado con chocolate.

Regalo misterioso y exótico de los antiguos mexicanos, el chocolate conquistó al mundo entero y ha capturado el paladar y la imaginación de la gente por más de 3 mil años. ¿Quieres conocer sus beneficios? ¿Saber más de chocolates? Comparto contigo algunos detalles:

- El número de adeptos o adictos, especialmente mujeres, a este alimento de los dioses ha crecido considerablemente en los últimos años. ¿La razón? Tal vez sea por el estilo de vida postmoderno, el vacío existencial, por el cada vez más frecuente y común padecimiento de la depresión, el conocimiento de sus beneficios o simplemente por su maravilloso sabor. Lo cierto es que, de acuerdo con María Emilia Beber, científica de la UNAM, el chocolate es portador de casi 300 elementos naturales, algunos comunes y otros exóticos, que trabajan activamente para modificar nuestro estado de ánimo.
- Se puede decir que el chocolate es una droga suave que tiene un efecto en la química cerebral y en la fisiología del ser humano. Entre más oscuro, mejor. Significa que el producto tiene menos azúcar y más porcentaje de cacao.

• Un chocolate de buena calidad contiene mínimo 50 por ciento de cacao y me ha tocado ver chocolates de hasta 90 por ciento. Como soy adicta al chocolate, así como existen catadores de vinos, quienes gustan del buen café o el buen tabaco, yo soy de las que procuran comer buenos chocolates. Ahora sé apreciar el chocolate amargo, cosa que hace unos años rechazaba por completo. Es algo aprendido, como cualquier sabor sofisticado.

• Cuando un chocolate no aclara el porcentaje de cacao en su etiqueta, significa que el fabricante sustituye el cacao con productos derivados del procesamiento, como la manteca de cacao, jarabes, grasas vegetales y saborizantes, que no sólo le restan valor alimenticio al chocolate, sino que le agregan calorías.

• El buen chocolate, de acuerdo con los estudios, contiene nutrientes como potasio, proteínas, vitamina B1, B2, D y E, hierro y magnesio, que ayudan al tratamiento de anemias, algunos trastornos del ritmo cardiaco, calambres musculares y fragilidad capilar, también contiene antioxidantes, cuyos efectos benéficos ya he mencionado.

También contiene sustancias que alteran el estado mental

• Cafeína, en menor cantidad de la que consumes en una taza de café, sin embargo, contribuye a la sensación de alerta y alivio del cansancio.

• Teobromina, un estimulante cardiaco y un diurético potente que, con la cafeína, detonan y favorecen la producción de endorfinas que provoca la sensación de placer.

• Feniletilamina, una sustancia sintetizada por el cerebro durante el orgasmo, y especialmente en el enamoramiento, que orquesta la secreción de anfetaminas produciendo un estado de euforia.

• La anandamida (palabra derivada del sánscrito *ananda,* que significa dicha) produce una sensación general de bienestar. Este compuesto puede ser el responsable de que algunas personas se sientan felices cuando comen chocolate.

• También aumenta la actividad de la dopamina, sustancia neuroquímica que se asocia directamente con la excitación y el placer sexual.

• El chocolate magnifica la sensación de bienestar debido al incremento del nivel de serotonina que, en cantidades adecuadas, también puede evitar la depresión e inhibir el insomnio.

Por eso, este maravilloso alimento ha sido considerado durante siglos una droga y un afrodisíaco. Sus múltiples compuestos llegan al cerebro por cientos de rutas creando un delicioso y singular ensueño que ningún otro alimento puede igualar.

La droga más popular del mundo: el café

Para muchas personas el día comienza con una taza de café, útil para animar el espíritu y la mente. Este hábito se ha hecho tan común que pasa desapercibido. El café eleva tus sentidos, te crispa los nervios, mitiga la fatiga y te permite saborear el mundo a través del gusto, además de espantar el sueño, claro.

El café ha cautivado a la humanidad como ninguna otra sustancia. Es la bebida más popular. Cada año se toman más de 400 mil millones de tazas de café. Se consume más que el maíz, el trigo y el arroz, y se comercializa más que el acero. El café estimula la plática y la convivencia, y prepararlo es todo un ritual.

Actualmente los consumidores son más exigentes y sofisticados en cuanto a la calidad y la variedad de su preparación. El precio de una taza de café puede variar entre cinco y 50 pesos, dependiendo del lugar donde se compre, su origen y del nombre con el que bauticen la mezcla. Si lleva una palabra en italiano es garantía de que es caro. Pero, ¿qué es lo que hace tan popular a esta bebida oscura y aromática?

El agente principal del grano de café es nada menos que la cafeína. Un polvo blanco, cristalino y amargo. Los estudios demuestran que toda sustancia que contenga cafeína es ampliamente consumida y aceptada. Si crees que no tomas cafeína, piénsalo bien. Los chocolates, los refrescos de cola, las bebidas energéticas, el té, el helado de café, las pastillas para adelgazar, el licor de café, muchas medicinas, algunos analgésicos y descongestionantes y, aunque no lo creas, el café descafeinado, contienen cafeína.

¿Por qué te gusta tanto?

Tomas cafeína porque te hace sentir bien. Además, estimula importantes funciones físicas y mentales de tu cuerpo; por ejemplo, la cafeína contrarresta la fatiga física e incrementa el estado de alerta. Este doble poder es parte de la razón por la que está posicionada como la droga más popular, aún más que la nicotina o el alcohol. Es un diurético ligero. Aviva la respiración, mejora el desempeño físico y agiliza el paso de las personas cansadas.

Los riesgos de la cafeína

Como la heroína, la cocaína, la mariguana, la nicotina y el alcohol, la cafeína es una droga psicoactiva: crea dependencia y, como ya viste, altera tu estado de ánimo y tu conducta. Las investigaciones demuestran que esta droga no es peligrosa si se consumen 300 miligramos diarios; es decir, dos o tres tazas de café o de seis a ocho latas de refresco de cola. La controversia existe en los posibles daños y consecuencias por el consumo excesivo y se contempla la posibilidad de regular la cafeína, a largo plazo. El doctor José María Zubirán afirma: "Como la veas, la cafeína es un tóxico que genera adicción." Es más, hay personas que están claramente convencidas de que sin café no pueden vivir y afirman cosas como: "Yo no funciono sin mi café de la mañana", "soy un monstruo hasta que me tomo una taza de café". Las personas que se expresan así están describiendo una leve forma de adicción que les podría causar síndrome de abstinencia con síntomas como dolor de cabeza, irritabilidad y falta de energía por algunos días.

Esto explica por qué billones de personas consumen cafeína diariamente: crea un círculo vicioso. Al tomarlo por la mañana, están más alertas. Al día siguiente, el efecto se ha ido y necesitan de la droga para volver a sentirse igual, y entonces la tolerancia aumenta. Tal como sucede con otras sustancias, la dosis es importante; por tanto, la clave está en la moderación.

!

Contenido promedio de cafeína por productos:

- Una taza de café descafeinado------------------------------5 mg

- Una taza de chocolate caliente-----------------------------8 mg

- Una barra de chocolate de leche---------------------------25 mg

- Una tacita de café express----------------------------------40 mg

- Un refresco de cola---45 mg

- Una taza de té negro--------------------------------------- 60 mg

- Una taza de café instantáneo ----------------------------110 mg

- Dos tabletas de Excedrin (analgésico) ----------------130 mg

- Una taza de café filtrado----------------------------------130 mg

- Una lata de Red Bull--135 mg

Te invito a sacar la cuenta de lo que tomas de cafeína en un día normal y recuerda que la cafeína es una sustancia sólo para adultos, por lo que hay que vigilar el consumo de café y de refrescos de cola en los niños.

¿Cómo reducir su consumo?

Gradualmente. Elimina una taza de café o un refresco de cola al día y observa cómo te sientes. Sustituye el café por té de hierbas o por café descafeinado y el refresco por agua (todo es cuestión de acostumbrarse).

Si quieres mantenerte con energía, en lugar de ir por otro café, prueba algunas estrategias "descafeinadas" como, por ejemplo, dormir bien. Si durante el día estás cansado, toma una siesta. Sal a caminar por 10 minutos a paso firme. Procura no comer mucho, ya que la digestión te dará sueño. Recuerda que el alcohol y la comida con grasa te hacen sentir pesado. Finalmente, disfruta con medida, ¿por qué no?, de tu rica taza de café.

No estás enfermo, ¡tienes sed!

¿Alguna vez te has sentido cansado, irritable o ansioso sin razón alguna? ¿Se te ha enrojecido la nariz o el rostro después de una fuerte trasnochada? ¿No puedes dormir bien? ¿Sientes la cabeza pesada? ¿Has notado que tu tiempo efectivo de atención disminuye? O bien, ¿tienes antojos irresistibles de tomar café, refrescos o bebidas alcohólicas? Tal vez todo lo anterior se debe a una simple y sencilla razón: te falta agua en el cuerpo.

Puedes pensar que te hidratas lo suficiente pero, ¿sabías que sentir la boca seca es un síntoma de deshidratación? Esto pasa porque muchas funciones delicadas de tu organismo no sólo están afectadas, sino que ise han interrumpido! Ten cuidado porque así es como se acelera el proceso de envejecimiento.

Tu cuerpo necesita una cantidad considerable de agua para mantener sus funciones fisiológicas normales. Para realizar dichos procesos, por lo general el cuerpo requiere como mínimo entre seis y 10 vasos de agua diarios. Por eso, todos han escuchado alguna vez que hay que tomar ocho vasos de agua al día.

Estas conclusiones que comparto contigo son el resultado de 18 años de investigación del doctor F. Batmanghelidj, sobre por qué el agua nos mantiene sanos y sin dolores. El doctor, además de contar con 33 años de experiencia como médico, es autor del libro cuyo título tomé prestado para encabezar este comentario: *No estás enfermo, itienes sed!* El doctor afirma: "Nada de milagros, sólo sentido común."

¿Sabías que, los músculos que mueven el cuerpo están constituidos por 75 por ciento de agua; la sangre que transporta nutrientes es 82 por ciento agua; los pulmones que proveen oxígeno al organismo son 90 por ciento agua; el cerebro que es el centro de control del cuerpo es 76 por ciento agua; tus huesos son 25 por ciento agua?

¡No lo olvides, la salud depende de la calidad y cantidad de agua que tomes!

Batmanghelidj afirma que muchas personas viven con "deshidratación crónica involuntaria", lo que contribuye al desarrollo de enfermedades degenerativas y de muchos tipos de dolores prevenibles y tratables, ¡sólo con tomar más agua!

Lo que el agua puede prevenir

El consumo adecuado de agua puede prevenir múltiples enfermedades y dolencias como artritis, dolor de espalda, angina, migraña, colitis, asma, presión alta, diabetes en los adultos, colesterol elevado, entre otras. ¿No es sorprendente?

Algunas recomendaciones:

• Toma de uno a tres vasos de agua al despertar para subsanar la deshidratación producida durante el sueño.

• Toma de dos a tres vasos de agua antes de las comidas, no durante ellas. Lo óptimo es hacerlo 30 minutos antes de cada alimento. Ello prepara al tracto digestivo para realizar sus funciones.

• Toma agua cada vez que sientas sed, aun durante la comida.

• Toma agua dos horas y media después de cada comida para completar el proceso de digestión y corregir la deshidratación que éste produce.

• Toma agua antes del ejercicio para tener una buena sudoración.

• Toma agua si padeces de estreñimiento y no comes suficientes frutas y verduras. Dos o tres vasos de agua al despertar son el mejor laxante.

• El cuerpo necesita agua, no sustitutos como café, té, refresco, alcohol, leche o jugos frutales. Éstos, de hecho, causan deshidratación.

Tú puedes cambiar tus hábitos. Bebe agua pura y hazlo una costumbre. Es una inversión a largo plazo. Pronto verás los beneficios reflejados en tu salud, en tu apariencia y ¡en tu cartera!

La dieta y los saboteadores

¡Como si luchar contra uno mismo no fuera suficiente! Cuando intentas portarte bien y ponerte a dieta, resulta que además de evitar los chocolates, los quesos, los tacos y las cervezas que te guiñan el ojo sin piedad, hay que luchar con un factor que no habías considerado: ¡los saboteadores!

Acabas de leer el libro de la dieta de moda y estás decidido, estás harto de que la ropa te apriete, de que tengas el clóset lleno de "porsis": por si vuelvo a mi peso ideal, por si engordo un poco, por si engordo mucho o por si bajo y, en realidad, no tienes nada que ponerte. Decides que vas a bajar de peso y a hacer ejercicio y ahora sí para siempre.

Es muy importante considerar que bajar de peso no es tarea de una sola persona. Para lograrlo, necesitas la ayuda de tus amigos, familia y compañeros de trabajo o de nutriólogos y profesionales que te orienten, que te apoyen y te animen para no flaquear. ¿Por qué es importante? Porque las personas que te rodean influyen en tu ánimo. ¿Has notado que es muy común que los niños y jóvenes gorditos tengan papás con sobrepeso? ¿O ver a un grupo de amigas en las que todas son delgadas o todas tienden a la gordura?

Sin duda, tus relaciones influyen en tus hábitos alimenticios, y de salud en general, para bien o para mal. Por ejemplo, comes más cuando estás acompañado. Si a tu grupo de amigos les gusta pasarse la tarde viendo futbol, rodeados de papitas y cervezas, en lugar de jugar futbol, es muy probable que tú también lo hagas. Los seres humanos tendemos a repetir comportamientos de familiares y amigos, aunque a veces sea en contra del juicio más acertado por evitar problemas, por no ser el "aguafiestas" del grupo, o para pertenecer y ser aceptados. Así es la naturaleza humana.

Es probable que cuando decidas ponerte a dieta no les guste a muchos; de hecho, hasta puede que saboteen tus esfuerzos, se burlen de ti o te presionen para que comas de más. Por ejemplo, tu pareja puede sentir que si adelgazas puede perderte. Tal vez tu mejor amigo piensa que si te pones en forma, ligarás a todas las niñas. Quizá tu mamá crea que ya no la quieres si no comes sus gorditas con requesón. Esto no quiere decir que no deseen lo mejor para ti, simplemente no quieren que las cosas se modifiquen porque están muy a gusto con la situación y les asusta o amenaza que desees cambiar, o bien lo hacen para protegerse a sí mismos. ¿Qué hacer? Estar consciente y reconocer a los saboteadores.

Hay cuatro tipos de saboteadores:

• **El que presiona.** Es el más común. Puede ser tu mamá que, amorosa pero insistentemente, te presiona para que comas sus guisos sabiendo que estás a dieta. La anfitriona que te dice: "¡Ándale! Me pasé toda la tarde cocinando y tú no lo quieres probar", mientras te llena el plato de pasta. Las amigas en las vacaciones: "¡Ay, llegando te pones a dieta, no inventes!" La compañera de trabajo que te dice: "¿Qué pedimos hoy, pizzas o tortas? ¡Ay, no seas amargado!" O tu novio: "¡Ay, mi amor, rompe la dieta y vamos a los tacos!" Este saboteador acaba con tus esfuerzos porque sus métodos son prácticamente invisibles, parecen lindos y bien intencionados. Mantente firme.

• **El controlador.** Tiende a ser manipulador. Quiere que su pareja se quede con sobrepeso para que no llame la atención. "Las flacas son desabridas, tú me gustas así, frondosa y llena de vida", así que te lleva una caja de donas. Si decides ponerte en forma, te cuestiona, te cela y, de alguna manera, impide que te ejercites o, cuando llegan a un restaurante, pide una entrada para todos. Impone su autoridad porque es inseguro y trata de envolver a su pareja en sus redes.

• **El poncha globos.** Piensa en aquellos amigos o amigas que no se sienten muy motivados para bajar de peso o para ponerse en forma y un día tú apareces más delgado y te dice: "¡Pero qué bien te ves!" Aunque no lo escuches muy convencido, sientes que no le da mucho gusto porque por una u otra razón él o ella no ha bajado de peso y te dicen cosas como: "¿No crees que ya se te pasó la mano? Vas a desaparecer?", "tienes anorexia". Que no te desanimen, mejor invítalos a hacer lo mismo y cuéntales cómo lo lograste.

• **El mueble.** Hay quien no quiere que cambies porque, consciente o no, prefiere que las cosas se queden como están. ¡Es más cómodo! Son personas que elijen la inmovilidad, como si fueran un objeto que se deja intencionadamente en alguna parte de la casa para que no sea movido de ahí.

Estoy convencida de que puedes lidiar con cualquier situación mientras la reconozcas. Simplemente, observa cómo reaccionas ante los saboteadores y piensa que la única persona responsable por lo que comes eres tú, y que por cada kilo de peso que bajas ganas un kilo de autoestima. Vale la pena esforzarse, ¿no crees?

!

Resiste el coqueteo de la comida confort

• El hambre física y el hambre emocional no son lo mismo.

• Cuando estás cansado, enojado, triste o solo, sientes una urgencia de correr al refrigerador o a la despensa.

• Al pedazo de pastel, la bolsa de cacahuates japoneses, los chocolates, o lo que sea que tú crees que te va a quitar la ansiedad, el aburrimiento, la soledad, la frustración o cualquier otro sentimiento. Gould la llama "comida confort".

• Lo malo es que el confort no dura mucho tiempo. A los 10 minutos viene la culpa y el remordimiento por las calorías que consumiste.

• Hay cosas en la vida que puedes cambiar, tu peso es una de ellas: lo puedes controlar.

• Cuando sientas que te invaden sentimientos que te llevan a comer, pregúntate: "¿En verdad tengo hambre? ¿Viene de mi mente o de mi estómago? ¿Es un hueco que busco llenar? ¿Cómo me voy a sentir después? ¿De qué tengo hambre de verdad?"

• Quizá no se trata de comida. La verdadera razón es diferente para cada persona, y encontrarla puede requerir una excavación ligera o muy profunda en tu interior.

El problema no está en la sal

 El estrés cotidiano por el ritmo de vida actual, lleva instintivamente a un encuentro con la sal. Pero el problema no está en la sal, pues ésta tiene muchos beneficios y es necesaria para la salud. Sólo que con .5 ó 1 gramo de sodio al día, es suficiente. Lo malo es que, según las estadísticas, se consumen entre 5 y 6 gramos diarios por persona, cuando se recomienda no más de 2.3; incluso, algunos expertos en salud sugieren un máximo de 1.5 diario. Por tanto, el exceso de sal te puede matar. Entre más sal, más alta la presión. Lo que preocupa es que la relación del consumo de sal con la presión alta es directa, progresiva y sin límite aparente; y de un día para otro resulta que eres hipertenso, pero además, ¡de por vida! Sólo un médico te puede controlar.

¿Sabías que el número de personas que mueren cada día por infarto, ataque al corazón y otras enfermedades causadas por el impacto de la sal en la sangre es igual que si un avión jumbo se estrellara a diario? Es decir, 400 personas, según la Universidad de Maryland School of Medicine. Por esta causa mueren 150 mil personas al año.

"Mira, Gaby", me decía una amiga muy sana, "yo nunca agrego sal a lo que como y sólo uso una pizca para cocinar". Lo que quizá no te das cuenta, es que sólo 10 por ciento de la sal que consumes está en el salero; otro 10 por ciento viene de forma natural en los alimentos; y la gran mayoría, un 75 por ciento, a través de alimentos procesados, de restaurantes y de lo que compras en el súper. La industria de los alimentos utiliza cantidades excesivas de sal en cereales de caja, sopas listas para consumir o de lata, quesos o panes. El cardiólogo James Rohack, de la Asociación Médica Americana (AMA), afirma: "Una porción de lasaña en un restaurante, o un platillo de comida china, puede rebasar el consumo de sal permitido para todo el día."

Y, ¿qué pasa con la sal de mar? Siempre había escuchado en las tiendas naturistas que era más sana que la sal regular, y más costosa. Pues resulta que no. Los expertos dicen que no hay diferencia entre las dos. Cualquier otro mineral extra que tenga la de mar, nutrimentalmente es tan insignificante que ni se percibe. La doctora Susan Jebb, de la AMA, comenta: "Las dos tienen la misma cantidad de sodio. La única diferencia radica en el tamaño y la forma de sus cristales, que desaparecen en el momento en que se disuelven en la comida."

La buena noticia es que puedes comenzar a dar pequeños pasos, fáciles e inteligentes. Aquí algunas recomendaciones:

- Entérate por un doctor cómo está tu presión. Revísala con frecuencia.
- Poco a poco reduce la sal en tus alimentos, y verás que en unas semanas ni lo vas a notar. Es cuestión de reeducar el paladar.
- Sazona tu comida con hierbas, especias, limón, ajo o pimienta, en lugar de sal.
- Lee las etiquetas de los alimentos: recuerda que más de 480 miligramos de sal por porción se considera alto.
- Opta por alimentos sin sal añadida cada vez que puedas. Limita el consumo de botanas saladas.
- Reduce tu consumo de productos enlatados, embutidos, comida rápida o procesada y aumenta los alimentos frescos como frutas, verduras, granos enteros y pescado.
- Aumenta tu ingesta de potasio que contrarresta algunos de los efectos del sodio en la presión sanguínea. Los alimentos ricos en potasio son: papa, jugo de naranja, plátano, espinaca, melón, brócoli y jitomate.

Ten presente que en época de estrés, tu cuerpo te va a invitar con insistencia a comer cosas saladas. Resístete. ¡Te garantizo que vivirás mejor!

Come DES-PA-CIO

¡Ah, los placeres de la comida! El estómago comienza sutilmente a enviar señales de que ya tiene hambre. Un poco más tarde se nos hace agua la boca con sólo pensar en los aromas y la vista de los platillos. Por fin nos sentamos a comer, tomamos los cubiertos con parsimonia. "Mmm, qué rico...", exclama el estómago al recibir el primer bocado. Sin embargo, ese gozo le dura poco. Enseguida, cual bombardeo de guerra, el tracto digestivo recibe uno tras otro los alimentos sin tener tiempo de disfrutar, separar o digerir bien cada trozo.

Observa: la mayoría de las personas lleva el tenedor a la boca a la velocidad del rayo, ya sea por el apuro de conversar, el poco tiempo que tiene para comer, por la ansiedad de comer ese delicioso platillo, por simple hábito, pues su atención está en la televisión o porque piensa que el hambre se saciará más rápido. Quien padece las consecuencias es nuestro estómago. Cumplido como es, para sacar su trabajo adelante tiene que producir desagradables síntomas de indigestión.

La prisa al comer se presenta aun cuando nos reunimos con la familia o los amigos de manera relajada. Tal vez porque olvidamos por completo aquello que nuestras mamás algún día sabiamente nos dijeron: "Come despacio y mastica bien." Éste es el primer paso para tener una buena digestión y, por ende, es el principio de una mejor salud.

En realidad, comer apresuradamente no es más que un reflejo de lo acelerados que estamos. Es síntoma de que buscamos la gratificación instantánea en el siguiente bocado, al siguiente momento, en el siguiente día, iuff!, en lugar de respirar y valorar el presente.

Masticar bien no es difícil, es más complicado desarrollar la paciencia, saber apreciar los sabores, la compañía y el trabajo de quienes prepararon los alimentos. Es un acto de generosidad hacia ti mismo y hacia los demás.

"Cuando no masticamos bien la comida, ésta se atora en el píloro, en el tracto digestivo y lo siguiente es una inflamación de abdomen y todo tipo de molestias estomacales", dice el gastroenterólogo José María Zubirán.

Todos nuestros órganos se beneficiarían si pusiéramos a trabajar más nuestra dentadura, hasta que la comida quede como papilla para bebé.

Entre los múltiples beneficios de masticar bien están el que tu digestión será mejor, ya que los nutrientes viajan y se absorben más fácilmente; ¡adelgazas!, pues comes menos al volverte más consciente de los niveles de saciedad antes de saturar al estómago con comida, reduces la posible acumulación de bacterias nocivas que provocan flatulencias y mal aliento, fortaleces tu sistema inmunológico y, sobre todo, saboreas más la deliciosa comida.

Cuatro claves para recordar:

1. Respira. Al sentarte a la mesa, inhala y exhala tres veces para realmente acabar de "llegar". Esto te cambiará el ritmo dominante antes de sentarte.

2. Haz una pausa. Suelta los cubiertos entre bocado y bocado, cuesta un poco de trabajo si tienes muy arraigada la costumbre de apurar la comida. En lo personal he encontrado que ese tipo de pausas me ayudan a estar más presente.

3. Parte bocados más pequeños. Además de ser benéfico, te hará ver más elegante.

4. Reanuda tus intenciones. Si las molestias estomacales te recuerdan que olvidaste tus buenos propósitos y comiste muy rápido, en la próxima comida inténtalo de nuevo. Te puede lle-

var de dos a tres semanas cambiar un hábito. Por lo menos comienza por masticar despacio el primer bocado. Lo demás ¡es ganancia!

¿De qué edad te quieres ver?

¿Qué edad tienes? ¿Qué edad te gustaría tener? ¿Qué pensarías si te dijera que te puedes ver más joven y que no es tan difícil lograrlo?

El doctor Michael Roizen —a quien he citado anteriormente— ha creado un sistema científicamente válido que no sólo calcula el nivel de envejecimiento de las personas, sino que alenta el proceso e, incluso lo revierte.

Te aseguro que conoces a personas que tienen la misma edad cronológica que tú y sin embargo se ven muy diferentes. Esto lo puedes comprobar en las reuniones del colegio tras haber dejado de ver a tus compañeros por 10, 20 ó 30 años. No puedes dejar de pensar: "¡Qué amolada está fulanita!", sin considerar que a lo mejor eso mismo dicen de ti. Lo cierto es que algunas personas aparentan más edad de la que tienen, mientras que otras se ven más jóvenes.

¿Cómo ser del grupo de personas que se ven más jóvenes? "No está en los genes", afirma el doctor Roizen en su libro *Real Age*. Hasta ahora se creía que los genes eran los que determinaban la longevidad. Según este sistema, no es así. Sólo 30 por ciento del envejecimiento lo determinan los genes. El otro 70 por ciento lo determina el medio y el tipo de vida que decidas llevar. Cada persona, por tanto, puede moldear la forma en que envejece. Está en tus manos tomar la decisión.

Si optas por vivir mejor, lo harás por más tiempo y con mejor salud a lo largo del camino. Lo novedoso del sistema del doctor Roizen es que puedes medir en forma tangible el número de años que te mantendrás joven. Esto te motivará a cambiar tus hábitos. Por ejemplo, si le dices a un fumador: "Te hace daño fumar", no le dices nada nuevo. Si le dices: "Fumar te envejece ocho años", el impacto es mucho mayor. Y si le dices: "Si dejas el cigarro, rejuvenecerás siete años", es muy probable que se motive aún más.

> **!** **A continuación te presento los 10 puntos más importantes que el doctor Roizen sugiere para verte más joven:**

• **Toma tus vitaminas.** Tomar en forma regular 400 g de vitamina C tres veces al día, así como 400 g de vitamina E, 1000 mg de calcio, 400 mg de folato y vitamina B6 puede hacer que te veas seis años más joven.

• **Deja de fumar.** Como te dije antes, fumar te avejenta ocho años. Evita también el humo pasivo. Se dice que quienes viven en la Ciudad de México fuman un equivalente a 40 cigarros al día. Así que, ¡imagínate!

Conoce tu presión sanguínea. Una persona con presión baja (entre 115/75 mm Hg) se verá 2.5 años más joven que una persona con presión alta (más de 160/95 mm Hg).

Reduce tu estrés. Si eres de las personas que se estresa mucho y con frecuencia, puedes lucir 3.2 años mayor de lo que en realidad eres. Si incorporas en tu vida técnicas para reducir la tensión, puedes recuperar 3.0 de esos 3.2 años. Es cuestión de prioridades.

Usa hilo dental. Mantener saludables los dientes y las encías puede hacer que te veas 6.4 años más joven. Es cierto. ¿Cuántas veces has notado que una persona se ve joven con la boca cerrada, pero que su imagen se arruina por completo cuando muestra los dientes?

Haz ejercicio regularmente. Si combinas los tres tipos de ejercicio que te expuse en el primer paso, podrás verte nueve años más joven.

No descuides tu actividad sexual. Las personas que tienen una vida sexual sana dentro de un contexto monógamo pueden verse entre 1.6 y 8 años más jóvenes que quienes ejercen su sexualidad con menor frecuencia o tienen una vida íntima inestable.

Vigila tu salud. Las personas que se hacen chequeos para monitorear su salud podrán verse hasta 12 años más jóvenes que sus contemporáneos que no se cuidan.

Toma hormonas. Cuando una persona deja de producir hormonas y las repone con un tratamiento dosificado, puede verse hasta ocho años más joven.

Mantén vivo el deseo de aprender. Las personas que intelectualmente se mantienen activas podrán verse hasta 2.4 años más jóvenes. Esto afecta directamente el espíritu, el ánimo y la actitud hacia la vida.

No lo olvides, elige las cosas que te dan una mejor calidad de vida; no sólo tedrás resultados en el futuro, sino que las disfrutarás desde hoy. Sin duda vivirás con más energía y vitalidad. Si sigues estas recomendaciones tal vez un día, al abrir la puerta de su casa, te digan: "Jovencito, ¿está tu papá?" o "Niña, ¿está tu mamá?", vale la pena, ¿no?

TERCER PASO

ELEVA TU QA
(Coeficiente de Atracción)

¿Cómo está tu QA?

Hay personas que al conocerlas, tratarlas o sólo verlas, te caen bien, pero otras que, por alguna extraña y misteriosa razón, simplemente no te simpatizan. El grado de gusto o disgusto se siente de inmediato en el vientre, como si tuviéramos un sensor de feria de pueblo que mide la fuerza con que damos un golpe con martillo. El medidor sube o baja poco, regular o mucho.

Sin embargo, en esto ni el corazón ni la mente se involucran. Sólo el instinto está presente. Este mecanismo de sobrevivencia afecta nuestro estado de ánimo, nuestra química corporal, y me atrevo a decir que hasta nuestra salud.

Estarás de acuerdo en que hay gente que da vida y otra que enferma.

Tengamos en cuenta que este asunto de "caer bien" no se refiere a un tema superficial o de vanidad que impacta sólo nuestra vida social. Es mucho más que eso. Sentirnos aceptados por los demás toca las fibras más profundas de nuestro ser y es el principal motor que nos impulsa a hacer las cosas.

Caerle bien a todo el mundo, ¿se puede?

Caer bien, aunque todos lo deseamos, es algo a lo que quizá conscientemente no le hemos dado importancia; sin embargo, es el secreto de acercarte a una vida más exitosa, plena y feliz. Si crees que es superficial lo que afirmo, observa cómo las personas que caen bien consiguen trabajo con mayor facilidad, hacen más amigos y sus relaciones, en general, son mejores. Sin embargo, a quienes no caen bien la vida se les complica, tienen que hacer grandes esfuerzos para encontrar trabajo, amigos o pareja.

Cotidianamente, la mayoría de las personas tienen la gentileza de iluminarte con el reflector (sólo por unos segundos); pero está en ti determinar cuánto tiempo permanecerás ahí, así como si te apagan, te atienden, te abuchean o te aplauden.

Las personas nos hemos vuelto poco pacientes, así que en esos segundos o minutos en que convives por primera vez, cada gesto que haces, cada palabra que dices, cada señal visual que emites, es recogida por una parte del cerebro de quien te observa y que la procesa según su criterio.

Sobre este tema, existe una gran cantidad de estudios, en especial en el área de ventas, mercadotecnia y política. Por eso, algo se vende o no, y votamos o no por un candidato. Lo que es un hecho es que hay una serie de cualidades universales, de ingredientes mágicos, que convierten a una persona en atractiva e irresistible.

¿En qué consiste el QA?

Todos conocemos lo que es el IQ=coeficiente intelectual, esa medida que, bajo ciertos estándares, determina el nivel de la inteligencia. Pero, ¿sabías que a diario las personas con las que te topas miden tu QA de acuerdo con su criterio?

Pero, ¿qué es la atracción? ¿Qué hace a un ser humano atractivo? Por mucho tiempo hemos considerado que, para lograrlo, debíamos mantener la belleza física como un factor único y determinante. Pues te platico que no es así. Ya es tiempo ya de dejar ir esas ideas viejas y sustituirlas por nuevas.

¿Qué tienen las personas atractivas?

Según las investigaciones de la británica Peta Heskel, experta en el tema, ésta es la lista de lo que hace a una persona muy atractiva:

- Se gusta a sí misma.
- Sabe qué quiere y lucha por lograrlo.

- Es positiva y alegre.
- Confía en sí misma sin ser arrogante.
- Es capaz de abrirse y mostrar su vulnerabilidad.
- No depende de los demás para ser feliz.
- Disfruta de la aventura de su vida, no sólo la ve pasar.
- Está satisfecha y completa con lo que hace, no importa si se trata de barrer calles o practicar la medicina.
- Es emocional y espiritualmente madura.
- Tiene un sistema de creencias y de valores que inspira optimismo, emoción y determinación.
- Posee un fuerte sentido de la integridad y sabe lo que debe hacer.
- Se puede reír de sí misma.
- Se preocupa y hace cosas por los demás.
- Es capaz de deslizarse sobre las olas más fuertes del océano.
- Ve el potencial en los demás.
- Siempre habla bien de la gente.
- Es leal y considerada.
- Tiene habilidades sociales.
- Se mueve y habla de manera elegante.
- Es excitante estar con ella.
- Es sexualmente madura y segura de sí misma.
- Tiene una cualidad casi hipnótica de "sígueme", por eso es líder.
- Es muy flexible y fácilmente puede adaptarse a los otros sin dejar de ser.
- Da la impresión de que consigue lo que quiere sin esfuerzo.
- Experimenta el fracaso como una lección en el camino al éxito.

- Confía en su intuición.
- Su cuerpo refleja todo esto, con calma y una disposición desinhibida frente a la acción.

De entrada, esta lista nos intimida, y nos lleva a cuestionar: "¿Tengo algo de esto?" Y la verdad es que todos tenemos este potencial y más, porque contamos con un gran aliado: el cerebro, que hará lo posible por hacer lo que le ordenemos.

Recurro a Norman Vincent Peale, que dice: "Formula y graba en tu cerebro, de manera indeleble, una imagen de ti mismo como una persona atractiva. Sostén esta imagen tenazmente. Nunca permitas que se escape. Tu mente buscará que esa imagen se haga real."

¿Qué dicen otros estudios?

Comparto contigo algunos estudios que me parecieron muy interesantes sobre las repercusiones de caerle bien a quienes nos rodean.

- Según un estudio realizado en 1984 en la Universidad de California, los doctores dedican más tiempo, atención, paciencia y tratan mejor a los pacientes que les caen bien que a los que no les agradan.
- De acuerdo con un estudio de la Universidad de Columbia, el qué hagas o qué tanto sepas no garantiza el éxito en tu trabajo, sino qué tan agradable eres. Las personas con un alto QA son recomendadas con mayor facilidad para promociones

o aumentos de sueldo. En cambio, los que no caen bien no reciben estos beneficios, sin importar el grado académico o cualidades profesionales.

• En el año 2000, la Universidad de Yale y el Centro de Desarrollo de Berlín realizaron un estudio que arrojó las siguientes conclusiones: "Las personas, a diferencia de los animales, logran el éxito no por ser agresivos, sino agradables. Los líderes, directores y presidentes de empresas más exitosos ganan el apoyo de su gente, y esto los lleva a un éxito mayor."

• En las encuestas realizadas por George Gallup, se hace patente que en una elección presidencial, de los tres factores esenciales que pronostican el éxito —afiliación de partido, propuestas y carisma del candidato—, la última siempre es la más importante.

• En 1992, el doctor Phillip Noll, de la Universidad de Toronto, estudió un grupo representativo de 50 parejas casadas y divorciadas y llegó a la conclusión de que las personas con alto factor QA se divorcian menos que el resto del grupo.

"Caer bien" es una expresión difícil de definir, sin embargo existe y es real. Ser agradables es de vital importancia porque permea todos los aspectos de tu vida y puede ser el factor decisivo en toda clase de competencias.

Y a mí qué me importa caer bien o no...

Si te sientes identificado con esta frase, piensa que aunque te guste la soledad y frecuentar unos cuantos amigos de toda la vida, detestes los eventos masivos y las fiestas, considero que es importante que seas accesible para desarrollar un poco más tus habilidades sociales. Piensa que, a menos que te vayas a vivir como ermitaño, en la vida necesitas de los demás y, por lo general, tienes que convivir con personas: en la calle, en el trabajo, en la familia. Y si eres una persona amable y afable, las cosas siempre se te facilitan.

Los estudios demuestran que para caer bien son necesarios dos elementos importantes:

• **Ser amigable.** Por más sencillo que suene, ser amigable no es la norma; requiere inversión de tu parte en tiempo, atención, generosidad, paciencia y enfoque de mente. Si eres difícil de tratar, de sangre pesada o te pescan en un mal momento, el otro no hará ningún esfuerzo y perderás así una oportunidad "que nunca sabes". O tendrás que trabajar extra en un futuro para elevar el factor "caer bien", por aquello de que "nunca tienes una segunda oportunidad de causar una buena primera impresión". La mayoría de las personas tenemos, por lo menos, un amigo enojón, difícil de tratar, que de entrada cae mal y, sin embargo, queremos. Pero, ¿para qué hacer complicado el camino? Cuando eres hostil, no sólo dañas una posible relación, sino también tu cuerpo, que en respuesta a esa actitud crea lo que los investigadores llaman "experiencia emocional negativa". Es un hecho que te sientes muy bien y reaccionas en automático cuando alguien, con su comunicación no verbal, te dice: "Me encanta verte", o "disfruto de tu compañía".

• **Ser auténticos.** Cuando conoces a alguien, tu instinto de inmediato percibe —casi siempre— si la persona es genuina, sincera o está actuando. Sin embargo, la impresión es subjetiva: me ha pasado que, al regreso de una reunión, comento con mi esposo lo bien que alguien me cayó, y con sorpresa me entero de que su opinión es totalmente opuesta, o al revés. Casi siempre, todos otorgamos un grado de confianza y credibilidad a las personas, hasta que algo "brinca" y, atrás del cuello, sientes una comezoncita. Por lo general, la autenticidad —así como al oxígeno—, la reconoces por su ausencia: sólo la notas cuando escasea. "La razón por la que la falta de sinceridad nos lleva a percibir a una persona como *poco agradable*, es que tendemos a personalizar las cosas. En el momento nos recuerda ocasiones del pasado en las que fuimos lastimados profundamente por un engaño. Nos lo recuerda en instantes", dice el doctor William Cottringer, quien investigó este tema por años.

Así que, antes que nada, para elevar tu QA conviene tener un lazo amistoso contigo mismo y ser auténtico. Sé fiel a tus valores y principios y, sobre todo, obsérvate. ¿Hace cuánto tiempo le hiciste un cumplido a alguien? ¿Eres abordable? ¿Buena onda y paciente? ¿Pretendes ser lo que no eres? ¿Finges interés? Tu lenguaje corporal, ¿acerca o aleja a las personas?

Sin duda, cuando conoces a personas amables y auténticas, reaccionas de forma positiva. No sólo te caen muy bien por estas cualidades sino que, lo más importante, te hacen sentir bien e inteligente. De manera que sonríe porque tienes el potencial de desarrollar estas cualidades a tu manera para que se refleje en tu vida, y seas auténticamente atractivo.

Comienza por el final...

 Mientras tomo una clase de box, un niño de alrededor de 12 años se une al grupo y llama mi atención desde que lo veo. Observo su sonrisa, su mirada, la seguridad con la que saluda al profesor y a mí, con la que se pone los guantes blancos (de su mamá) sin importarle lo femeninos que se ven. No sé lo que hicieron sus papás o si esa seguridad sea innata. ¡Qué carisma! "A lo que se dedique en la vida, le va a ir bien", le comenté al profesor en un breve descanso. "¿Qué vas a estudiar cuando seas grande?", le pregunto. "Voy a ser médico gastroenterólogo", me responde con la certeza de quien ya cursa la carrera. "¿Tu papá es médico?" "No, es ingeniero". "¡Tiempo!" Se escucha la voz del profesor. "¡Ánimo, Gaby!", me dice el niño, antes de empezar con dos *jabs*... ¡Tiene 12 años! ¿Cómo será cuando tenga 27 ó 35?

Esa manera de estar tan cómodo consigo mismo es lo que le admiro. De forma inconsciente, este niño asume que la gente lo adora desde que entra en la habitación, ¡y lo logra! Esto me recuerda que en las artes marciales existe un sabio principio, vital para ganar un combate: "Comienza por el final." En el momento en que te enfrentas al enemigo, permanece tranquilo y concentrado, imagina que ya ganaste. La mayoría de las personas nunca descubren ese secreto porque contradice todo lo que desde niños nos enseñan; es decir, a progresar linealmente: comenzar una tarea y trabajar hasta terminarla.

Eso está bien, sin embargo hay otras maneras de ver las cosas, en especial cuando se trata de tu profesión o tu futuro.

Tú tienes el control

Considera el siguiente escenario: eres un jefe que busca personal. Entrevistas a dos prospectos. Uno está desesperado y nervioso. "Por favor, por favor, necesito este trabajo, le ruego que me ayude." El otro candidato, calmado y confiado, te pregunta: "¿Cómo puedo ayudarle?" ¿A quién contratarías? Es obvio que preferirás a quien se comporta como si no necesitara el trabajo, ¿no? Esto no es más que un reflejo de cómo funciona la mente humana: cuando presionas, abordas bruscamente, manipulas o persigues a las personas, ellas se sienten como si fueras una mutación gigante del virus de la influenza: huyen cuanto antes. Por eso, en todas las áreas de tu vida, consigues más si te manejas como si ya hubieras logrado la meta. Aunque no la hayas alcanzado, genera esa sensación en ti.

Ahora piensa en alguien a quien para ti es crucial, vital e importante gustarle, caerle bien, que te quiera o simplemente agradarle. Puede ser tu amigo, pareja, jefe o —si eres un buscador profesional de aprobación como yo— cualquier persona con la que te topes. Imagina que pasas una hora con esa persona y te esmeras en dar tu mejor sonrisa, comentario y disfraz y no recibes señal alguna de aprobación. ¿Sientes en el pecho el agobio y la desesperación? Perfecto. Entonces, comienza por el final. Piensa que ya le caes muy bien, que todos te adoran. Estás inundado de aceptación. Con esta sensación en la mente, vuelve a visualizar la hora que pasas con tu prospecto. ¿Sientes la libertad y la facilidad con la que todo fluye?

Una vez que logres obtener la sensación en tu mente y en tu pecho, experimenta el ejercicio en un lugar público, un café, el gimnasio, un centro comercial, un concierto de rock; cualquier lugar donde haya mucha gente. Te asombrarás de los resultados.

¡Todos me quieren!

También puedes plantearte dos escenarios. Primero el de: "¡Necesito gustarle a esta persona! ¡Necesito su ayuda!" Al hacerlo nota cómo las personas interactúan contigo. Después, al día siguiente, entra al mismo lugar y piensa: "¡Todos me quieren! Todos piensan que soy inteligente, atractivo y talentoso."

Si mantienes estos pensamientos en tu cabeza, podrás darte cuenta de que caminas diferente, hablas diferente y sonríes diferente: ¡eres diferente! Realiza este ejercicio varias veces y notarás cuán diferente se comportan los otros contigo. Recuerda: entre más desesperado te veas, más huirán de ti. Entre más seguro estés de que eres aceptado, más positiva será la interacción.

La doctora Martha Beck, en su libro *Steering by Starlight,* comenta que ha hecho un experimento similar con personas de muy baja autoestima, incluyendo delincuentes juveniles y ex convictos. Los resultados son increíbles. Cuando te autocriticas, cuando escuchas y le crees a la vocecita interior que te dice que todo lo haces mal, la gente parece repelerte físicamente, todos en el entorno se alejan, unos poco a poco, otros de manera drástica. Sin embargo, cuando te aferras a pensamientos como los de ser una persona muy valiosa y digna de ser amada, todos parecen sonreír y relajarse conforme se acercan a ti. "Nadie parece hacerlo deliberadamente, es como observar un campo de pastos altos en el que todos se inclinan para un lado o para el otro según la dirección del viento", concluye Beck. Así que ya sabes: comienza por el final.

Construye tu marca personal

En el mundo, la marca personal es una de esas cosas invisibles, intangibles y que no tienen precio. Refleja quién eres, qué has hecho y cómo te perciben los demás. Se refiere a crear un nombre, una reputación que, al fin y al cabo, es la posesión más valiosa que puedes tener y heredar a tus hijos; más que una cuenta de banco, incluso más que una formación académica. Suele pasar que dicen: "¡Ah!, ¡eres hijo de fulano de tal!", es ahí donde le abres la puerta a alguien, o se la cierras, por la fuerte marca personal.

"Mi papá murió cuando yo tenía 17 años, sin embargo, llamarme igual que él me ha abierto muchas puertas en mi vida", me cuenta mi querido amigo Toño. "Eso me ha permitido conseguir créditos, clientes y proyectos maravillosos. Cuando nació mi hijo, dudé en ponerle mi nombre. Al recordar lo que a mí me ha ayudado llevar el de mi padre, sentí un gran compromiso y, al mismo tiempo, orgullo de que se llamara igual. Pienso que un buen nombre hecho con trabajo y honestidad es lo mejor que mi padre nos pudo dejar." Ésta es la marca personal.

La marca personal no es opcional

Todos tienen la propia. A lo largo de tu vida, con tu proceder, decides cómo será esa marca: positiva, negativa o neutral.

La marca personal se construye a diario. Inicia cuando pronuncias: "Mucho gusto", mientras le estrechas la mano a alguien. En ese instante, sucede lo siguiente en la mente de tu interlocutor:

- En un cuarto de segundo, la persona ya se hizo una idea acerca de ti.
- En los primeros cinco segundos, la impresión inicial que le causes va y viene en la mente del otro unas 11 veces: "Me gusta, no me gusta."
- La primera impresión es más importante que las siguientes cinco juntas.
- Cada acto, palabra u omisión, construye o destruye tu marca personal.

El otro día escuché que una joven casada y con tres hijos tenía amoríos con un compañero de trabajo. Me quedé pensando en que esta mujer puede ser muy buena mamá, profesionista, o lo que sea, pero lo que arriesga es demasiado. El día que descubran esa relación —pues tarde o temprano el detalle menos esperado revela la verdad—, ¿cómo la verán sus hijos?, ¿cómo se ve ante sí misma? Olvida por un instante a su pareja, sus amigos, la sociedad en general... ¡sus hijos! No cabe duda de que puedes engañar a todos, pero nunca a ti mismo.

Un nombre es algo ¡tan, tan frágil! Sin importar la familia de la que provenga, la carrera, el trabajo o la profesión a la que se dedique, la credibilidad y el prestigio que una persona haga de sí misma, es lo más importante.

Tu destino puede decidirse antes de balbucear una sola palabra, cuando tu interlocutor al escuchar tu nombre exprese, para bien o para mal, un: "¡Ah! Usted es fulano de tal..." Lo que haces o dejas de hacer en la vida, tarde o temprano aflora.

Las tres características universales

Como bien sabes, tener mucho dinero o fama no es garantía de grandeza ni de calidad humana. Hay gente famosa y adinerada que está muy lejos de ser honorable. Existe una gran diferencia entre tener una marca personal íntegra y una poderosa: una marca personal *íntegra* habla de honor e inspira a los demás a la acción; la influencia de una marca personal *poderosa* deriva del miedo y presiona a actuar a través de la intimidación.

Hay tres características universales que son admirables y por las que vale la pena esforzarte para crear tu propia marca: honor, autenticidad y gratitud.

• **Honor.** Con frecuencia, hacer lo correcto y hacer las cosas por la vía difícil, es lo mismo. El camino fácil suele estar compuesto de atajos, trampas y engaños. Sin embargo, si tienes clara la foto de cómo quieres terminar el rompecabezas de tu vida, será más fácil tomar la decisión.

• **Autenticidad.** Todas las buenas marcas reconocidas en el mercado por su calidad y credibilidad son auténticas, nunca piratas. La autenticidad comienza con la propia aceptación. En el momento en que las personas perciben que tratas de ser alguien que no eres, te vuelves un individuo muy cuestionado.

• **Gratitud.** La manera más rápida de decepcionar a quien te brinda su apoyo, admiración o confianza, es dar las cosas por hecho y olvidar su contribución para que lograras algo. Entre más exitosa es una persona, más agradecida debe ser. A veces, el mareo del éxito hace que se le olvide decir "gracias" o simplemente, reconocer a quien le ayudó. Los pequeños detalles cuentan mucho: lo son todo. No tanto por lo grande que sea la acción, sino por lo significativa. Por ejemplo: escribir notitas de gratitud, llamar a una persona y decirle lo importante que es para ti, o para felicitarla el día de su cumpleaños, ser generoso con causas sociales, saber reconocer una falta y ofrecer una disculpa, en fin.

¿Qué sabotea tu marca personal?

Existen muchas formas de sabotear la marca personal, que por puro sentido común considero innecesario enlistar. Sin embargo, lo qué más impide a las personas desarrollarla es la arrogancia personal, la actitud "a mí nadie me enseña nada". Las tres razones por las que sucede son: una baja autoestima, una autoimagen inflada, o por confundir la valía personal con la cuenta del banco.

La realidad es que cuando una persona es arrogante, en el fondo trata de compensar un sentimiento de inferioridad, una baja autoestima. Son aquellos que, en vez de permitir que su trabajo y esfuerzo hablen por sí mismos, todo el tiempo necesitan contar lo mucho que valen y lo bien que hacen todo. En su propio egocentrismo, sólo alguien que gane más que ellos o tenga un puesto de poder, les podría enseñar algo. En lugar de hablar, sería mejor *ser* una persona maravillosa.

Recuerda que todo lo que haces y decides en la vida, suma o resta a tu marca personal, misma que será motivo de orgullo o pena, y que les abrirá o cerrará puertas a tus hijos en el futuro.

Lo que aporto, ¿me aporta?

Todos lo hemos presenciado alguna vez porque no hay niño que se libre de esta transformación. Mientras juega muy tranquilo con otros niños, el angelito de su casa en pocos segundos se convierte en Chucky, el muñeco diabólico, y ataca a otros niños ante la pena y disculpas de los papás. La palabra que predomina en la trifulca es: "Mío, mío."

Cuando un bebé aprende que el sonido que sus papás pronuncian al dirigirse a él es su nombre, empieza a asociar ese sonido con quien es él o ella. En esa etapa, muchos niños se refieren a sí mismos en tercera persona: "Emi quiere leche." Después aprenden la palabra mágica: "Yo", y la equiparan con su nombre: "Emilio = yo."

Es entonces que el siguiente concepto que un niño adquiere es la palabra "mío" para designar sus coches o su muñeca, que de alguna manera son "yo". Por eso, cuando a un niño se le rompe o le quitan "su" juguete, le provoca un gran sufrimiento. Y no por el valor intrínseco que tenga, porque al rato ya no le interesa, sino por el pensamiento "mío = yo": el juguete soy yo. Según Eckhart Tolle, en su libro *A New Earth,* del que te hablaré detalladamente más adelante, éste es el inicio de la identificación que tienes con los objetos.

La palabra "identificación" viene del latín *idem*, igual, y *facere*, hacer; de manera que, cuando te identificas con algo, lo "haces igual". ¿Igual a qué? Igual al "yo". Bien dicen que la diferencia entre un niño y un hombre es el precio de sus juguetes. Más tarde, el juguete se convierte en *mi* coche, *mi* casa, *mi* ropa, *mi* bolsa, etcétera. En la compra de cosas trato de encontrarme pero, ¿se logra?

El "yo" y la publicidad

La industria de la publicidad sabe que para vendernos cosas —que a veces ni necesitamos—, deben convencernos de que esas cosas agregan "algo" a la forma en que nos vemos o nos ven los demás. En otras palabras: lo que portamos, nos aporta. Le agrega algo a nuestra noción de "ser".

Con tal o cual producto, vas a destacar entre la multitud; con tal o cual marca, de alguna manera "vas a ser más valioso". O quizá te crean una asociación mental entre un producto y una celebridad, alguien joven y guapo, o alguien que se ve feliz. Lo que captas es que, como a través de un acto de magia, te apropias de las cualidades de George Clunny, Angelina Jolie o David Beckham; por lo menos, de su imagen superficial. No está mal, ¿no?

Lo malo es que compras un sueño, una "mejora en tu identidad", en tu ego, irreal. Y si el producto es de marca —lo que significa caro—, le agrega a esa fantasía la etiqueta de "exclusivo". Si todo el mundo tuviera acceso a ellos, los productos de marca perderían su valor psicológico y sólo te quedaría su valor material, que probablemente sea una fracción del costo que exhiben.

Las cosas con las que se identifican los individuos varían de acuerdo con la edad, el género, el ingreso monetario, la moda y la cultura a la que pertenecen. Sin embargo, lo que mantiene a la llamada industria del consumo es el hecho de que pretender encontrarte a través de las cosas no funciona: la satisfacción que el ego obtiene es muy efímera, por lo que continúas buscando más, comprando más, consumiendo más.

Claro, las cosas son necesarias y forman parte de la vida. Otras las disfrutas sólo por su belleza. Lo que Eckhart intenta es mostrarte una luz de alerta. Observa: ¿qué tan identificado estás con las cosas? ¿Qué ligero sentido de importancia o superioridad te da el hecho de poseer algo? ¿La falta de ellas te hace sentir menos que los demás? Lo cierto es que lo que portas sólo le aporta a tu ego, no a quien realmente eres. El reto es descubrir la diferencia: ¿mío = yo?

Tu piel es muy importante

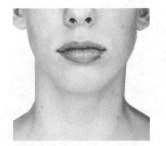

¿Has observado una foto tuya de hace unos cinco años? Sin importar la edad que tengas, ¿notas la diferencia? Te asombrará saber que, aunque siempre te sientas joven, el envejecimiento comienza cuando menos te lo imaginas: ¡alrededor de los 30 años de edad! Evitar que suceda no sólo es un asunto de vanidad, sino de salud.

Aunque el paso del tiempo es inexorable, la mayoría de las personas, si no es que todas, quieren verse y sentirse bien. Por eso comparto contigo los estudios más recientes que hay sobre diversas formas para mantenerte joven.

La piel no miente

¿Has notado cómo se ve tu piel después de que te desvelaste, te enfermaste o pasaste una época de estrés? Lo que ves es el resultado de una inflamación a nivel celular que digiere el colágeno de la piel y te roba otro grado de tu juvenil apariencia.

¿Y eso qué efecto tiene? "La inflamación", dice el dermatólogo Nicholas Perricone, "es la razón por la que te arrugas, se te olvida todo, desde dónde dejé mis llaves hasta el nombre del vecino, del por qué estás irritable y deprimida, y por qué pierdes la lozanía de tu juventud". Nada más y nada menos... ¡imagínate! "La inflamación es, sin duda, uno de los principales factores del envejecimiento", concluye Perricone después de años de investigación.

¿Por qué la inflamación?

"Cuando las células se someten al estrés oxidativo (un ataque de radicales libres, debido al estrés, contaminantes, exceso de sol, alcohol), unas sustancias conocidas como *factores de transcripción* se activan", continúa el doctor Perricone. "Estas sustancias migran al núcleo de la célula y atacan al ADN, lo que causa que la célula produzca sustancias inflamatorias conocidas como *cytokinas,* los químicos asesinos de nuestras células. Como resultado, se producen otros químicos que digieren el colágeno." Interesante, ¿no? Una piel lozana se compone primordialmente de colágeno, pero cuando llegan estos químicos que lo digieren, no hay manera de que las células se defiendan (a menos que los antioxidantes intercepten a los radicales libres). Cuando se digiere el colágeno, se forma una micro-cicatriz que causa las arrugas.

Con la edad, los niveles de sustancias que causan la inflamación, generalmente aumentan. Cuando el tejido se rompe, por los ataques de radicales libres, las células blancas se apuran a limpiar los desperdicios que quedan y esto provoca una respuesta inflamatoria.

¿Qué contribuye a la inflamación?

Mala alimentación, pocas horas de descanso, fumar, comida procesada, químicos en los alimentos, contaminación ambiental, los rayos UVA y UVB del sol, alergias alimenticias, infecciones constantes como resfriados y gripas, cremas para la piel llenas de químicos y estrés emocional o mental... ¿Nada más?

Lo bueno es que si reduces los factores que causan la inflamación y proteges las células con alimentos ricos en antioxidantes, puedes controlar o retardar las señales del envejecimiento.

En un estudio científico publicado en el *Journal of the American College of Nutrition* (2001), titulado "Arrugas en la piel: ¿los alimentos hacen la diferencia?", se afirma que al hablar de antienvejecimiento, lo que ingieres tiene un gran impacto en la piel. Este estudio evaluó la dieta y el daño solar en 177 personas (griegos, australianos y suecos). Los resultados indicaron que el daño en la piel era mucho menor en personas que consumían abundantes vegetales, aceite de oliva, pescado y legumbres y poco o nada de carne roja, leche entera, papas, refrescos, pasteles y galletas.

El cerebro también es responsable

El sol es garantía de arrugas, bien lo sabemos. Sin embargo, hay otros factores, ahora descubiertos, que desde el cerebro pueden arrugarte la piel sin importar el precio de la crema cosmética que apliques.

Según afirma el doctor Eric R. Braverman, autor de *Younger You* y director de Place for Achieving Total Health, en Nueva York; la condición y edad de tu piel es regulada por la genética. Sin embargo, el cerebro también es responsable, en gran medida, de que la piel conserve ciertas características que ninguna crema ni cirugía plástica pueden proporcionar. Por esta razón, el especialista sugiere que cuides tu piel de adentro hacia fuera; concretamente, desde el cerebro, teniendo en cuenta que la deshidratación, la inflamación, el daño estructural y la oxidación son los cuatro factores que causan el envejecimiento de la piel.

• **Deshidratación**. Entre más joven es el cerebro, más hidratado está. Conforme pasan los años, comienza en el organismo una fase de deshidratación debido a que el cerebro pierde acetilcolina, un neurotransmisor que regula la habilidad de procesar información y guardarla en la memoria. Sin embargo, cuando el cerebro pierde esta sustancia, alerta a todos los órganos y glándulas del cuerpo, lo cual afecta la piel y los músculos. Como no existe ninguna crema maravillosa que la reponga, el envejecimiento se hace evidente. Suplementos como aceites de pescado, lecitina, vitamina B, ácido lipoico y manganeso ayudan a producir la acetilcolina. Los espárragos, por otro lado, bloquean la enzima que la destruye, contribuyendo así a mantenerla en niveles altos.

• **Inflamación**. Cuando el cerebro está bajo en dopamina, la piel se quema fácilmente y se inflama, volviéndose roja, con manchas rojizas como parches, áspera o abultada. Por ejemplo, siempre puedes notar quién consume en exceso bebidas alcohólicas por el tamaño y el color de su nariz; por lo general, se ve roja e inflamada en comparación con el resto de la cara. Los fumadores también suelen tener problemas en la piel, tipo soriasis. Con frecuencia, las personas obesas padecen acné. En síntesis, las adicciones y la pérdida de dopamina van de la mano. Contra la inflamación, los mejores aliados son el aceite de pescado, la vitamina C y el té verde.

• **Daño estructural.** Enemigo número uno: el sol. Paradójicamente, al mismo tiempo que la delicia de sus rayos te relajan, te aportan vitamina D, elevan la serotonina en el cerebro y te proporcionan cientos de beneficios más, también al penetrar unos milímetros dentro de la piel marcan la diferencia entre que ésta luzca joven o avejentada. Sin contar, por supuesto, con el aumento en el riesgo de padecer cáncer de piel que a la larga provoca. Con sólo 20 minutos al día de sol es más que suficiente.

• **Oxidación.** Una cara arrugada está, sin duda, llena de estrés. Si comienzas a tener líneas profundas en el entrecejo, significa que eres una persona estresada. Esto, además del acelerado ritmo de vida que casi todos llevan, puede deberse también a la deficiencia de una sustancia en tu cerebro llamada GABA, que disminuye con la edad. El uso desmedido del celular, exponerse a mucho ruido, no dormir lo suficiente, la falta de ejercicio, trabajar en ambientes contaminados o el consumo de drogas, son factores que colaboran a aniquilar esta sustancia. Hay alimentos que ayudan a producir GABA como almendras, plátanos, brócoli, toronjas, lentejas y avena, entre otros.

Todos queremos y podemos vernos bien. Está en tus manos... y en tu cerebro.

La cura para las arrugas

Ya has visto que la piel arrugada y flácida no es el resultado inevitable de la edad. Puedes sentirte de maravilla y disfrutar de una excelente salud, si empiezas ahora.

Como te dije anteriormente, el dermatólogo Nicholas Perricone, en su libro *The Perricone Prescription*, asegura que si sigues su programa anti arrugas por tres días te convencerás de inmediato. Ya sea que tengas una cita importante, una presentación de trabajo o un evento social especial, puedes hacer esta dieta y, en sólo tres días, estarás radiante y lleno de energía. Recuerda que los alimentos son tu herramienta anti edad más poderosa. Es verdad: eres lo que comes.

Sin embargo, como sabes, la mala alimentación es la mayor responsable del envejecimiento rápido y prematuro, del cansancio crónico, de la flacidez muscular y del bajo funcionamiento cerebral, por lo que cuando compruebes los resultados de esta dieta descubrirás que el mejor tratamiento para "levantamiento facial", está en tu refrigerador.

Antes de empezar

Escoge tres días en los que puedas controlar todo lo que comes. Es indispensable consumir dos porciones de salmón fresco al día. No se recomienda el salmón ahumado por su alto contenido de sal pero puedes comer el de lata y agregarle un poco de mayonesa o limón, sólo una vez al día. Toma, por lo menos, ocho vasos de agua.

Come sólo lo que está en el menú, pero come todo. Es importante que elimines el café de tu dieta, por lo menos durante estos días, tal como te recomendé en el apartado anterior, y lo sustituyas por té verde. Y, por supuesto, olvídate por completo de los refrescos y el alcohol.

¡Prepárate para tu transformación!

!

El menú de tres días

Durante estos tres días comerás casi lo mismo. Deberás empezar, siempre, con la proteína, para retrasar la absorción de los carbohidratos, evitar que aumente la glucosa y que se active la insulina. Aquí va la dieta:

Al levantarte

 *1 vaso de agua sola.

Desayuno

 *Omelet, hecho con tres claras y una yema de huevo, y una pieza de salmón a la parrilla.

 *1/2 taza de avena integral cocida.

*Una rebanada ancha de melón chino (verde) y 1/4 de taza de fresas, moras, cerezas o zarzamoras.

*Mínimo, un vaso de agua sola.

Comida

*Una rebanada gruesa de salmón a la parrilla, atún enlatado en agua o sardinas en aceite de oliva.

*2 tazas de lechuga romana; aderezada con aceite de oliva extra virgen y limón al gusto.

*Una rebanada ancha de melón chino y 1/4 de taza de fresas, cerezas, moras o zarzamoras.

*Mínimo, un vaso de agua sola.

A media tarde

*Una rebanada pequeña de pechuga de pollo.

*4 avellanas o macadamias crudas sin sal.

*1/2 manzana verde.

*Mínimo, un vaso de agua sola.

Cena

*Una rebanada gruesa de salmón.

*2 tazas de lechuga romana; aderezada con aceite de oliva y limón al gusto.

*1 taza de espárragos hervidos, brócoli o espinaca, aderezado con aceite de oliva.

*Una rebanada ancha de melón chino y 1/4 de taza de fresas.

*Mínimo, un vaso de agua.

Antes de acostarte

*Una rebanada pequeña de pechuga de pavo o de pollo.

*1/2 pera o manzana verde.

*3 ó 4 almendras o aceitunas.

*Mínimo, un vaso de agua.

Conclusión: Estoy convencida de que todos traemos encriptada dentro de nuestro ADN una sabiduría ancestral. Una sabiduría que no se enseña; se reconoce. No aprendemos lo que ya sabemos; simplemente nos reconectamos con esa sabiduría.

Te invito a que te abras, escuches y confíes en tu propia sabiduría, porque siempre te habla. Deja que te guíe porque es una de las cosas más importantes para sentirte pleno.

| **TU MENTE**

LAS TRES "D":
desintoxícate, disfruta y descansa

*Llena tu vida con el máximo de experiencias
así como de momentos de felicidad y pasión
como humanamente puedas.
Comienza con una experiencia
y construye sobre ella.*

Marcia Wieder

"Los seres humanos tenemos sólo dos obligaciones: ser justos y ser felices", decía Jorge Luis Borges. Ser felices es la meta más alta a la que tú, yo o cualquiera puede aspirar. Y lo ideal sería que te dedicaras exclusivamente a lograrlo. Sin embargo, ya sea por necesidad o porque así lo escogemos, con frecuencia hacemos cosas que no nos producen satisfacción. Sin embargo, atender las tres "D", es tan importante como cuidar cualquier otra área de la vida, por eso las incluyo en este paso.

La medicina moderna ha aceptado que la mente, el cuerpo y el espíritu están estrechamente conectados y que se necesita cuidar de estos tres elementos para vivir en óptimas condiciones físicas. Observa: ¿cómo es un día normal de tu vida? Puedo adivinar que casi siempre te dedicas a resolver las necesidades y demandas de los demás; y en cuanto a lo tuyo, sólo atiendes lo inmediato, esto te genera inquietud. Nos pasa a muchos.

En cambio, cuando haces algo que te proporciona placer, te relaja, te hace sonreir o le da significado a tu vida, te sientes muy bien. No importa si la experiencia dura un minuto, 15 o una hora. La confianza, la pasión y el sentido de plenitud que obtienes al disfrutar lo que haces, lo que ves, lo que escuchas, lo que saboreas, los aromas que aspiras y lo que sientes a través de la piel, afecta otras áreas de tu existencia.

Los botones del placer

Estamos hechos para sentir placer, dicen los científicos. Si bien esta frase me transporta a una escena de Cleopatra con Marco Antonio rodeados de sirvientes que los abanican, de bandejas llenas de ricos manjares y aroma de incienso que flota en el aire, ciertamente no conforma nuestra realidad cotidiana. Así que, ¿cómo incrementar el placer en los momentos no gratos? Te platico:

"Oprime este botón y obtendrás placer." Esta idea, del neurólogo Robert Heath, de la Universidad Tulane de Nuevo Orleans, estaba de moda en los años 60. Este doctor puso electrodos en el cerebro de docenas de sus pacientes psiquiátricos para comprobar si podía elevar su gozo por la vida. Los electrodos se colocaron en una parte del cerebro frontal que los científicos consideran el "centro de recompensa" o el asiento del placer. Lo increíble es que cuando se aplicó en ratas de laboratorio un estímulo parecido, los animales renunciaban a comer y a tomar agua, mientras se dedicaban a presionar sin cesar una barra para obtener el estímulo.

Y así como las ratas, lo mismo sucede con las personas. Los pacientes de Heath se provocaban la sensación de placer con un control remoto y también lo presionaban repetidamente. Algunos lo hicieron cientos y miles de veces en el transcurso de un día. Incluso, una mujer se obsesionó tanto con el botón que perdió el interés por su familia y se olvidó hasta de bañarse. "Encontré la mejor manera de obtener placer", afirmó.

Pero, ¿lo obtuvo? Aunque los pacientes reportaron sentirse "bien" cuando activaban los electrodos, su gozo palidecía de manera extraña. Tenían deseo sexual, pero no orgasmos. Unos tenían una sed incesante sin razón aparente. La mayoría no quería hacer otra cosa más que presionar el botón. Si esto era placer, entonces se manifestaba de una forma francamente muy rara.

¿Cómo incrementar el placer sin presionar un botón?

"Los placeres simples no son tan simples. El placer es una emoción sensorial", dice Monell's Dalton, del Monell Chemical Senses Center en Filadelfia, y añade: "Comienza con ver, gustar, oler o tocar aquello que por alguna razón te resulta placentero."

El placer involucra a todo el cuerpo. Implica sensaciones agradables (quizá sea una de las razones por las que los electrodos de Heath provocaron ese tipo de placer árido, que involucraba sólo áreas del cerebro) y está en ti aprovecharlo. Incluso, *deberías* hacerlo. Dicen los médicos que la inhabilidad clínica de sentir placer, *anhedonia*, es señal de una enfermedad mental seria.

¿Quieres ver a un bebé feliz? Dale una pizca de azúcar y verás cómo esa dulce sensación dispara como fuegos artificiales las sinapsis en su cerebro que, a su vez, relajará sus músculos faciales e iluminará su cara con una sonrisa.

Mientras escribo esta parte del libro admiro lo frondosa que está una secuoya que sembramos hace 10 años, escucho una música deliciosa con fondo de flauta y lluvia que me relaja los hombros, en general encogidos mientras tecleo. Placeres tan simples como estos toman el pulso de las venas y nos recuerdan que el placer no es sólo un asunto de "sentirte bien", sino de sentirte más vivo y ¡mejor!

Practica lo que disfrutas

El doctor Tal Ben-Shahar es maestro en la Universidad de Harvard e imparte el curso más popular de ella: psicología positiva. Una rama de la psicología que combina los más recientes descubrimientos para lograr felicidad en nuestro tiempo. En su libro *Happier,* recomienda buscar lo que él llama *happiness boosters,* o "propulsores de felicidad", que son todas las actividades placenteras y con significado que funcionan como vela en un cuarto oscuro —basta la flama de una o dos velas para iluminar todo un espacio. Traducido a la actualidad, es buscar una o dos pequeñas actividades que te inspiren, te motiven y te hagan sentir bien. Asimismo, el doctor advierte que acciones pasivas como sentarse a ver la televisión no proporcionan felicidad.

Por eso, date permiso de buscar los verdaderos botones del placer y oprímelos con frecuencia. Practica un *hobbie*, camina al ritmo de tu iPod, date un masaje, acaricia a tu perro, pon tus pies desnudos al sol, abraza a tus seres queridos, ríete, siente la belleza del arte en una pintura de Matisse, ejercita tu cuerpo, disfruta morder un durazno. Todo esto no sólo provoca que secretes serotonina y endorfinas, los químicos del cerebro relacionados con la sensación de plenitud, sino que refuerza tu sensibilidad y capacidad de devolver ese bienestar a los demás.

Te invito a preguntarte: ¿cuáles son tus propulsores de felicidad? ¿Qué pequeñas actividades te rejuvenecen y te proporcionan satisfacción y significado? Mientras, pídele a tu pareja que te escriba su nombre suavemente en la espalda y que te masajee la cabeza en círculos lentos, con la promesa de devolvérselo tú después. Estarás de acuerdo conmigo en que esto es placer puro y vale la pena vivirlo.

Una vida más simple...

 Te invito a que por un momento te bajes del tren bala en el que vives para analizar, de manera objetiva, el ritmo de vida que llevas.

En lo personal, observo con envidia la serenidad con la que Teo, una mujer del pintoresco pueblo de Tepoztlán, casada y madre de dos hijas, lleva su vida. Su manera pausada de hablar, su vestir sencillo, su andar sereno y el cuidado que le pone a todo lo que hace. Toda ella transmite paz. Estar con ella unos minutos equivale a una hora del tratamiento de *spa* más sofisticado. Al platicar con sus familiares, también puedo ver que ella les ha contagiado esa actitud.

No cabe duda de que el campo, el silencio y la cercanía con la naturaleza dan sabiduría. Esa forma de vida, comparada con la de cualquiera que vive en una ciudad moderna, es motivo de inspiración y reflexión. Te permite ver la cantidad de cosas que dejas de disfrutar, de apreciar o de hacer; el espacio te agobia y te limita para vivir plenamente.

¿Cuánto tiempo dedicas realmente a cultivar tu mente, cuerpo y espíritu? ¿Lo has pensado? La mayoría de las personas sólo unos minutos y eso de vez en cuando.

Quienes vivimos en las grandes ciudades anhelamos una vida más tranquila y simple para sentir un poco de paz; sin embargo, el ritmo al que se mueve el mundo lo impide. Muchos hemos tratado de encontrarla, equivocadamente, en cosas materiales como el trabajo, el poder económico o la comida, sólo para darnos cuenta de que mientras algunas cosas nos proporcionan placer, también conllevan una buena dosis de preocupación y estrés. Por otro lado, si por fuera las cosas parecen acomodarse, por dentro la búsqueda nunca termina porque la sensación de que "algo falta" permanece en el interior.

Esto me recuerda una anécdota que ejemplifica a la perfección esta insatisfacción permanente que solemos tener. Durante la visita del Dalai Lama a nuestro país, la embajada de China se encontraba muy molesta por su presencia y trató de sabotear su visita de varias formas. Es así que en una rueda de prensa, un periodista le preguntó: "Su Santidad, ¿tiene enemigos?", él hizo una pausa y contestó: "Sí, claro que los tengo", el reportero esperaba esa línea jugosa, en la que hiciera referencia a la invasión de China en el Tibet. Y el Dalai Lama continuó: "...los tengo dentro de mí, y todos los días me peleo con ellos. Son mis pensamientos."

Desde que conocí esta anécdota, cada día me hace más sentido. Es cierto. El sentirnos bien, contentos y felices, está dentro de nosotros mismos; depende sólo de ti y de mí. De poder neutralizar o minimizar esos fantasmas que nos torturan y nos murmuran al oído cien cosas tipo: "No eres suficiente", "no lo haces bien", "eres poca cosa", "mira qué gordo estas", y demás.

Estoy consciente de que la vida está llena de problemas de toda índole y cada uno lleva su propia carga. Sin embargo, necesitamos romper la cárcel mental que nos aprisiona, porque de otra manera ningún tipo de placer externo será suficiente para aquietar el alma.

Vives en automático

Vivir en automatico es otro de los obstáculos que nos impiden gozar el momento. El otro día escuché con horror a una psicóloga que explicaba que la razón por la que están tan de moda los centros de estimulación temprana para bebés es porque ahora los papás y las mamás están tan ocupados en el trabajo que no tienen oportunidad para estar con sus hijos y, por lo mismo, no pueden estimularlos. ¡Ya ni siquiera se dan tiempo para experimentar la maravilla que es descubrir el mundo desde la mirada de los niños, ni para gozar de sus momentos de ternura que no volverán!

Tal vez vives en automático, espero que no sea así, pero para saberlo te invito a hacer una pequeña prueba: intenta dibujar de memoria algo sencillo y cotidiano como tu teléfono. ¿Puedes? ¿Recuerdas dónde tiene los números y otros botones? Es casi seguro que no. Haces mil cosas a la vez y no estás concentrado en nada, lo que genera ruido mental y muchos problemas en la vida.

Es difícil sentir un poco de paz interior cuando corres de una actividad a otra, cuando trabajas horas extra para pagar la deuda, cuando a todo compromiso dices "sí" y vives entre escritorios, cajones y closets, con 100 asuntos pendientes.

¿Por dónde empezar?

Como no puedes retirarte a la vida contemplativa o mudarte al campo, podrías comenzar por buscar formas de vivir con mejor calidad. Ahora que la respuesta sólo depende de ti: unos pueden sentir un poco de alivio al comenzar a ordenar la casa; otros buscan un rato de silencio al día para meditar, por ejemplo; otros desean organizar el tiempo para dedicarlo a la familia; hay quienes buscan momentos para leer, y la mayoría intenta combinar el trabajo con el recreo. Lo cierto es que puedes empezar al darte cuenta de que la forma de cuidar tu futuro es a través de cuidarte hoy. En todos los sentidos.

Otra opción sería tener el valor de decir "no" a los compromisos sociales, al trabajo extra y demás situaciones que te desgastan. De no hacerlo, terminarás viviendo en la zona zombi: ya no sé qué quiero, qué pienso, ni qué anhelo, sólo me dejo llevar por la corriente de la vida y permito que otros vivan y decidan por mí. ¿Vale la pena?

Una vez que superes algunos obstáculos y ordenes tu vida en lo exterior y en lo interior, podrás valorar cada momento, cada amigo que tienes, cada lugar en el que estés, en vez de sólo pasar frente a ellos. Haz caso de lo que una vez dijo el doctor Victor Frankl: "Vive la vida como si la estuvieras viviendo por segunda vez, y en la primera te hubieras equivocado en todo."

Desintoxícate y reclama tu derecho al silencio

Dice una querida amiga que la tranquilidad es lo más parecido a la felicidad. Es cierto. Sólo que hoy en día vivir sobreconectados provoca que esta tranquilidad sea cada vez más un deseo que una realidad. Ahora que si tú eres una persona urbana y tecnificada, seguro te identificarás con esta situación: tu celular está sonando, a tu buzón ya no le caben más mensajes telefónicos, tu bandeja de entrada está saturada de correos pendientes, tu amigo quiere desahogarse sobre la ruptura con su pareja y tú llevas varios días con pocas horas de sueño debido a la cantidad de trabajo que tienes.

Y si por todos lados escuchas sobre las ventajas e importancia de conectarte, igual de importante es desconectarte.

Hay asuntos o personas que, por una misteriosa u obvia razón, en 15 minutos —como aspiradora— te succionan la energía. Y a pesar de ello, por prudencia, obligación, decencia o estupidez, haces un esfuerzo por conectarte. Lo cierto es que cuando te esfuerzas en relacionarte con alguien y en realidad no lo deseas, creas relaciones falsas y propensas a resentimientos.

Encuentra tu "cueva"

Es importante encontrar una "cueva" donde refugiarte aunque sea por unos minutos, para luego regresar a la calma y la paz mental. Así que comparto contigo algunas técnicas muy útiles para que logres desconectarte y obtengas la necesaria calma para sentirte bien.

Técnicas para desintoxicarte socialmente:

• **Escóndete.** Sin importar lo que esté pasando en tu vida, cuando te sientas hasta el tope de cosas, personas, temas por resolver, huye a tu cueva aunque sea por unos minutos: un baño, un coche, tu cuarto, alguna terraza, la mesa más escondida de un café, y siéntate de espaldas a la entrada. Date permiso. Respira hondo por un rato y, de ser posible, escápate a algún lugar por unas horas o días.

• **Vuélvete primitivo.** Con frecuencia los amigos, compañeros de trabajo y hasta desconocidos te presionan a contestar sus mensajes de texto, correos, recados o faxes, aún en los días de descanso. Y sientes culpa por no hacerlo rápido. Incluso, aunque estés concentrado en un trabajo urgente por entregar, no resistes abrir un mail al escuchar el sonido de "entrada"; sientes que desconectarte es como violar una regla social. Con nuestros celulares y computadoras hoy somos capaces de conectarnos con quien sea y a la hora que sea. En este proceso, corremos el riesgo de nunca conectarnos con nosotros mismos. Y un día te das cuenta de que te has vuelto irritable y poco tolerante.

• **Sé selectivo.** Conectarte con quien realmente quieres es de los recursos más valiosos que tienes y supera cualquier fin material. Así que manéjalo bien. Piensa: "¿Quién me roba energía, quién me agota?" y "¿Quién me aporta y me hace sentir bien?" Invierte tu tiempo y energía sólo en los últimos.

• **Sé instintivo.** No se trata de decir cada vez que alguien te consulta un problema: "¿A mí qué me importa?", simplemente, confía en tu instinto para decidir quién en verdad necesita tu atención y cuando vas primero tú.

• **Ensaya tus excusas.** Cuando estás saturado o exhausto, curiosamente es más difícil poner límites. Así que ten a la mano frases ensayadas, por ejemplo: "Me pezcas en un mal momento, te devuelvo la llamada más tarde", "en un momento estoy con usted", o "¡Voy!", para terminar una llamada de un cliente que ya se pasó 20 minutos en el teléfono.

• **Quédate en la superficie.** Cuando estás con uno o varios amigos y tocan temas intensos, emocionalmente profundos por un rato muy largo, puede ser agotador. La superficialidad, a veces, es una buena alternativa. Reírse, contar chistes y hablar de todo y nada... es de las cosas que más relajan.

Conectarte con los demás, una vez que has logrado conectarte contigo mismo, es lo que te lleva a tener mejores relaciones y una vida más plena. Busca y defiende tu derecho al silencio.

Desintoxícate de la gente tóxica

Gente tóxica es cualquiera que de alguna manera envenene tu vida, que no te apoye, que te haga sentir menos, que no se alegre con tu crecimiento, que no desee tu bien. Uno de los mayores daños que puede causarte, tanto en el presente como a futuro, es robar tu energía. Su sola presencia o cercanía te daña, hace que te enfermes, o bien que termines agotado.

¿Cómo reconocer a una persona tóxica?

Contesta sí o no a las siguientes preguntas:

1. ¿Te sientes ignorado por una "no persona" cada vez que estás cerca de ella?

2. ¿Cuando estás con ella, terminas sintiéndote menos atractivo, menos inteligente, menos capaz, menos... menos...?

3. ¿Te sientes más irritable, más tenso, más nervioso, más vacío o malhumorado después de hablar con ella?

4. ¿Buscas maneras de evadirla?

5. ¿Te trata diferente en público que en privado?

6. Después de compartir un tiempo con ella, ¿te sientes agotado, con la energía por los suelos, como si un vampiro te la hubiera succionado?

Si contestas afirmativamente a más de tres preguntas, puedes darte cuenta de cómo una persona tóxica te afecta, física, mental y emocionalmente.

Cabe aclarar que alguien puede ser tóxico para una persona y no serlo para otra.

¿Qué hace que una persona sea tóxica?

De acuerdo con los psicólogos, la respuesta es la inseguridad y los celos o envidia subsecuentes. En casa tengo dos perros labradores, uno negro y otro café. Cada vez que acaricio a uno, el otro gruñe, ladra, trata de morderme la mano y me brinca para llamar mi atención. No puede con los celos. Así sucede también con los humanos. Los celos y la envidia surgen cuando nos sentimos inseguros o sentimos que carecemos de algo que otra persona tiene.

A la gente tóxica le molesta cuando otra persona tiene éxito, es atractiva, muy flaca, muy gorda o muy alta; cuando es simpática, culta o cuando la promueven en el trabajo. Los celos la llevan a actuar de manera irracional.

¿Qué se puede hacer con la gente tóxica?

Es interesante conocer las diferentes maneras en que otras culturas resuelven este problema. Los orientales se valen de amuletos para evitar la entrada de los malos espíritus a su casa. Los indonesios, por ejemplo, clavan en la puerta de entrada una máscara de madera con cara de monstruo y dientes filosos. Los chinos colocan perros de piedra que se asemejan a un león para vigilar el acceso. Los japoneses disponen pilares de sal fuera de la entrada de su vivienda y negocios para ahuyentar a las fuerzas malignas. Bien podríamos imitar sus soluciones, pero tal vez no sean suficientes...

Muchos psicólogos recomiendan "cerrar la puerta", dejar ir los pensamientos negativos y perder todo contacto con esa persona tóxica. Ojalá siempre se pudiera... pero, ¿si es tu jefe?, ¿tu suegra? o ¿tu mamá?

¿Cómo neutralizar a la gente tóxica?

Saber cómo manejar y capotear a las personas que son tóxicas para nosotros puede ayudarnos a eliminar las emociones que nos dañan, tales como el odio, el rencor o el enojo. Si convives mucho tiempo con ella y permites que su negatividad te invada, el enojo y la hostilidad pueden afectar en tu organismo la producción de la hormona norepinefrina, misma que eleva la presión sanguínea y aumenta el riesgo de padecer un ataque al corazón o un infarto, entre otros males.

Para que logres sentirte mejor en compañía de una persona tóxica, puedes seguir las siguientes recomendaciones:

1. **Practica la respiración liberadora.** Cuando la persona es tu jefe o alguien a quien no puedes evadir, lo mejor es controlar tus reacciones para que no te haga daño. Mientras piensas en la persona tóxica respira a través de la boca por dos segundos; sostén el aire por tres; luego, al tiempo que exhalas, suelta la negatividad y sácala de tu sistema con todas tus fuerzas, hasta quedarte sin aire. Repite la respiración unas tres veces y respira normal. Esta respiración te proporciona calma y te permite pensar antes de actuar.

2. **Usa el humor.** Éste siempre será una de las mejores formas de liberar el estrés. Así que después de llevar a cabo la respiración liberadora, piensa en algo divertido, ridículo o tonto. No importa lo que sea, con tal de que te haga reír.

3. **Sé comprensivo.** Es probable y común que la gente tóxica no haya recibido suficiente amor en su vida. Compréndela. Seguro que ha sentido mucho dolor, vacío y soledad. Cuando respondemos comprensivamente, la negatividad se disuelve.

Todos queremos sentir que los demás nos reconocen, aprecian y respetan; deseamos escuchar palabras de aliento que nos ayuden a encontrar el sentido de nuestra existencia en este mundo. Sin embargo, vivir para darle gusto a todos es imposible, pero lo que sí podemos hacer es amarnos a nosotros mismos, aceptarnos y comprender que siempre habrá alguien que sienta que somos una amenaza para su seguridad psicológica, la mayoría de las veces sin razón alguna.

Por ello, te invito a que te liberes de las heridas que en el pasado te han causado las personas tóxicas y a que vivas tranquilo sabiendo que está en ti decidir si entran o no en tu vida.

Un lugar secreto...

"¡Tanto que me había resistido!", era la primera vez que Miriam lo sentía y no lo podía creer. "¡Qué delicia, no sabía que existía! Es como un lugar secreto en el que encuentras gran paz. Qué poco conocemos nuestro cuerpo y nuestra mente...", le dice a su maestro que le acaba de enseñar cómo capotear y disfrutar las altas y bajas de la vida, sin recurrir al Prozac, a la terapia o a un divorcio. Esta forma de relajarte no te la proporciona ningún viaje, whisky, fiesta, ejercicio, dieta, masaje, reunión o lectura. Y practicarlo te conecta, te da paz, bienestar y poder. Me refiero a la meditación. Con ella encuentras el lugar donde te relajas, te calmas y te ubicas: el centro de ti mismo.

"Qué meditación ni qué meditación, eso es una pérdida de tiempo", quizá pienses. Yo también llegué a pensar que no funcionaba, de hecho, aún me cuesta mucho trabajo aquietar la mente y estar en paz, sin pensar en mil pendientes. Sin embargo, la sensación de volver a conectarte contigo mismo, aunque sea por un periodo breve, es maravillosa.

Quienes han trabajado para mejorar ciertos aspectos de la humanidad han concluido, en distintos momentos y épocas de la historia, que si quieres lograr el máximo potencial físico, mental y espiritual, necesitas entrar a un sistema de total descanso, relajación y comunicación interna, con la inteligencia presente. Sin esto, lo único que puedes esperar es que tan sólo una fracción de tus capacidades sea utilizada.

La meditación no la inventó ningún grupo o persona. Tampoco tiene que ver necesariamente con alguna religión o creencia. Y, contrario a lo que se piensa, no necesitas tomar una clase para aprender. Aunque ayuda, no es indispensable. De hecho, el misterio que hay alrededor de ella ha impedido que muchas personas la incorporen en su vida. La práctica lo es todo.

Una cosa es muy cierta. En el proceso de incorporar la práctica de la meditación, nos vamos a atorar una y mil veces, sin importar lo que hagamos. Mientras tengamos la voluntad de continuar, de dejar ir los pensamientos y de vernos con bondad, algún día lo lograremos.

Encuentra el centro de ti mismo

Si lo piensas, la parte más sólida de una esfera es el centro. La parte más estable de cualquier objeto estático es el centro de gravedad. ¡Vaya! Hasta en los mismos huracanes, el centro es el único lugar de quietud y tranquilidad. Lo mismo sucede con tu cuerpo. Tienes un centro donde puedes reflexionar y equilibrar tus emociones y energías.

Hay corrientes que afirman que ese centro está en el hipotálamo, una región del encéfalo situada en la base cerebral. Otras teorías, como la filosofía aristotélica, lo localizan en el corazón; y las tradiciones orientales, tres dedos debajo del ombligo.

Es muy probable que intuitivamente lo hayas experimentado. En esas ocasiones donde te has sentido en calma, completo, inspirado, agradecido, o simplemente en paz con el mundo; estás meditando. Y ese estado no sólo es metafórico, es físico. Se da cuando tu cerebro entra en estado alfa. Si lo comparas con las velocidades de un coche, el estado alfa equivale al punto neutro; es decir, relajado pero alerta.

¿Cuál es el propósito de la meditación?

La meditación restablece el contacto con tu fuerza y paz interior. De hecho, todos los individuos lo han vivido alguna vez, quizá al observar en silencio un atardecer, caminar por el campo y voltear al cielo con gratitud, como si el tiempo se detuviera mientras te sientes parte de un todo. Y sin saber que meditas, los sentidos se intensifican: tienes mayor capacidad de amar, haces más cosas y sientes más. Se aclara tu mente y se abre a la creatividad, a la intuición y a la inspiración. Cuando tu campana interior toca los límites máximos del estrés es importante saber cómo llegar a ese centro de ti mismo para regresar al equilibrio.

¿Cómo y dónde meditar?

En un lugar tranquilo, siéntate en una silla lo más recto posible, coloca los pies en el suelo e inhala y exhala profundamente para aquietar la mente. No te acuestes, para evitar que te duermas y pierdas los beneficios. El punto es dejarte ir y soltar el cuerpo, las ideas, el estrés y los pendientes. Procura no pensar en nada, lo importante es estar contigo mismo. Si una preocupación atraviesa tu mente no te resistas, porque entre más lo haces, más se afianza. Sólo deja que pase y se vaya. Esto funciona como el motor de una lancha: al principio no quiere, hasta que por fin entra la gasolina y arranca. Así es la meditación. Comparto contigo algunas claves que quizá te parezcan algo extrañas, pero funcionan muy bien:

- **Toma la decisión.** Es lo que necesitas para estar en calma. Una vez que optas por estar así, el cambio comienza. Sentirás esa cálida sensación de paz que recorre tu cuerpo mientras la mente se tranquiliza y la conciencia se afina.
- **Detén tus pensamientos.** Para continuar la relajación, deja de pensar. Cuando lo logras, automáticamente la calma te invade. El problema es que la mayoría de la gente no puede apagar los pensamientos, por más voluntad que le ponga. La manera más fácil de empezar es cerrando los ojos. Así se apaga mucha de la información, en su mayoría visual, que la mente procesa. Inténtalo. Lentamente baja los párpados y nota cómo tu cuerpo se relaja.
- **Observa las nubes con los ojos cerrados.** Estando con los ojos cerrados, permite que giren hacia arriba y hacia atrás, como si

quisieras ver las nubes. Cuando estás a punto de dormir, esto es lo que tus ojos hacen. De modo que, al imitar este movimiento, creas un estado similar. Haz la prueba, ¡funciona!

• **Respira profundamente.** Durante siglos, las tradiciones orientales han considerado la respiración como punto básico para enfocar la atención hacia el centro. Al respirar profundamente, puedes influenciar tu estado mental, tu salud y bienestar. Respira como aprendiste en el primer paso de este libro. Si notas que algún pensamiento cruza por tu mente, sólo concentrate en tu respiración y de inmediato sentirás la calma.

• **Desenfoca tu vista.** Esto es precisamente lo que haces cuando sueñas despierto. Ves sin enfocar un punto específico. Esto ayuda mucho a entrar en el estado alfa. El punto aquí es ampliar al máximo tu visión periférica sin mover los ojos. A este proceso se le llama desconvergencia.

• **Vive el momento.** Cuando decidas relajarte, piensa que tienes todo el tiempo del mundo. Incluso, quítate el reloj. Esto es un simple acto para recordarte que tú controlas el tiempo, no el tiempo a ti.

• **Aléjate.** Obsérvate a ti mismo desde afuera. Ve a la persona que está leyendo este libro (tú). Ahora mírate sentado donde estés, en el sillón, en la cama, o en cualquier parte. Te miras en una habitación y miras el exterior, observas un edificio, las calles, la colonia... eres como un observador en el espacio. Notarás que entre más amplia sea tu visión hay más armonía, paz y silencio. Todo esto te induce al estado alfa.

• **Déjate ir.** Permite que tu subconsciente haga el trabajo. El subconsciente es como un niño, funciona mejor cuando lo entretienes, lo persuades y permites que juegue para que haga lo que tú quieres. Por eso, es mejor concentrarte en tu respiración o en sentir la energía sutil que corre por tus manos o tu cuerpo.

Más beneficios

- La meditación sincroniza las ondas eléctricas de los hemisferios izquierdo y derecho del cerebro, favoreciendo la inteligencia y el aprendizaje.
- El cuerpo eleva notoriamente su resistencia a gérmenes invasores: gripas, virus y enfermedades de la garganta y los pulmones.
- El ritmo cardiaco se reduce notoriamente y, por ende, también su carga.
- Mejora la capacidad de reacción.
- La autoimagen mejora en poco tiempo.

Para descubrir ese lugar secreto dentro de ti, para encontrar tu centro, relájate, respira hondo, deja volar tu imaginación, asume que estás en calma y que tienes todo el tiempo del mundo. Cuando encuentres ese lugar en el que te sientes como si regresaras a casa, disfruta estar ahí, en paz y en tu centro. Verás que es una delicia. Practícalo durante un lapso de 15 ó 20 minutos diarios, de preferencia por la mañana. Medita, no te arrepentirás de hacerlo.

El poder de la música

Beethoven decía que la música es la tierra electrizada en la cual el espíritu vive, piensa e inventa. Es impresionante el gran efecto que tiene la música en los seres humanos. Te llena de energía, de nostalgia, de paz, te trae gratos recuerdos o te ayuda a relajarte. Incluso sin pensar en ello, la utilizas para crear diferentes ambientes.

La música es la puerta a terrenos interiores, toca lugares fuera de tu alcance. Ayuda a la creatividad, a la expresión personal, facilita el aprendizaje e incide directamente en tu vida personal. Además, tiene la habilidad de "embarcar" los ritmos del cuerpo y de la mente. En física, este término explica por qué los objetos que oscilan en diferentes frecuencias, al ponerlos uno junto a otro, comienzan a vibrar al mismo ritmo. Las investigaciones han descubierto que las personas se "embarcan" con las vibraciones y los ritmos musicales que escuchan. Esto explica su gran poder. Lo increíble es que, siendo una poderosa herramienta, acudas a ella en tu vida social y la ignores en lo cotidiano del trabajo y de la escuela.

Escuchar las melodías adecuadas no sólo mejora la instrucción y el desempeño, sino que crea el ambiente ideal para retener y hacer más relevante, dinámico y divertido lo que aprendes.

¿Cómo afectan las ondas en el cerebro?

Cualquier pensamiento, consciente o inconsciente, es producto de una acción electroquímica que provoca ondas eléctricas en el cerebro. La velocidad e intensidad de estas ondas determinan los niveles de tus habilidades mentales. La ciencia ha clasificado cuatro niveles:

- **Ondas beta.** Vibran rápidamente y crean un estado de alerta que te permite realizar todas tus actividades diarias. Estás en esta onda cuando platicas, resuelves problemas o tienes un diálogo interior.
- **Ondas alfa.** Su vibración es mucho más lenta por lo que crean un estado de relajación y quietud. Aunque alerta, no estás consciente de tus pensamientos y quizá sueñes despierto. Es cuando se te ocurren las ideas, las soluciones que de pronto brincan inesperadamente en el cerebro. Este estado subconsciente es muy efectivo para absorber información, ya que hay un alto grado de retención en la memoria.
- **Ondas teta.** Cuando éstas vibran lentamente te introducen en el sueño, dormitas. Es un estado de "duermevela", donde estás casi despierto y casi dormido, el cerebro puede ser muy creativo también.
- **Ondas delta.** Éstas se emiten cuando el sueño es profundo y las ondas del cerebro oscilan muy despacio. Tu cuerpo está totalmente relajado y la mayoría de los sistemas físicos disminuyen su ritmo también.

La música tiene la capacidad de introducirte en un estado donde predomine cualquiera de estas ondas. Las nuevas técnicas de aprendizaje acelerado (multisensorial) ya utilizan la música como apoyo para la enseñanza.

El doctor Georgi Lozanov —quien en los años 60 captó la atención mundial por sus descubrimientos de la música en relación con la memoria— comprobó que cuando la intensidad de la música empata con la intensidad de la actividad, la capacidad receptiva de la memoria se intensifica. Desarrolló dos técnicas a las que llama conciertos: el Concierto activo, que estimula el proceso mental, físico y emocional de la persona; y el Concierto pasivo, que lleva a las personas a un estado relajado alfa para estabilizar sus ritmos mentales, físicos y emocionales.

• El Concierto activo se compone en su mayoría de música dramática, llena de energía, similar a la música de una película de acción. El doctor Lozanov la recomienda para activar las ondas beta y aprender cualquier idioma, biología, historia, literatura, economía, incluso fórmulas matemáticas. El fluir de la música estimula la generación de imágenes visuales y sentimientos.

Sugiere, de Beethoven, conciertos para violín y sus sonatas para piano; de Haydn, las sinfonías 93, 94 y 101; de Mozart, los divertimentos, los conciertos para violín números 4 y 5; y de Tchaikovsky, el concierto para piano número 1 y el concierto para violín en do mayor.

• El Concierto pasivo tiene la habilidad de hacer que tu cuerpo se relaje y el cerebro se enfoque más, para inducirlo a las ondas alfa, el estado ideal de concentración, a través de escucharla suavemente de fondo, mientras estudias, das una plática o lees en silencio. La música es lenta, predecible y calmada. Contiene armonías que ayudan a balancear los dos hemisferios cerebrales, orquestando un estado mental tranquilo. No tiene cantos que distraen, con excepción de los cantos gregorianos, que tienen un ritmo compatible con el de la respiración y los latidos cardiacos de una persona tranquila y relajada. Lo interesante es que al escucharlos, tu ritmo cardiaco también se tranquiliza y te invade una sensación de bienestar. Lozanov recomienda la música barroca (1600-1725): Bach, Handel, Corelli, Pachelbel, entre otros compositores. De Bach, te sugiere los *Conciertos de Brandenburgo*, especialmente los números 2 y 4; de Corelli, el *Concierto Grossi*, Opus 4, #10, 11, 12 (los movimientos lentos); de Handel, el *Concierto de arpa*; y de Pachelbel, el *Canon en D*, entre otros.

Como diría el historiador Thomas Carlyle: "¿Quién puede, en palabras lógicas, expresar el efecto que la música tiene sobre nosotros? Una especie de discurso inarticulado, insondable, que nos conduce a la orilla de lo infinito y nos permite por momentos asomarnos a él."

Los aromas y su magia

Desde un principio, ese aroma me atrapa. En la noche, después de su saludo, huelo mi mano y los residuos de Vetiver de Guerlain me transportan a un sueño adolescente. Esa mezcla de esencias se convierte en una razón más para enamorarme perdidamente, para siempre.

Hasta la fecha, en 36 años de casada, de las cosas que más disfruto es la estela con olor a limpio, a fresco, a sándalo, *musk*, madera, verde, pachuli, o *ylang-ylang* que Pablo deja al despedirse con un beso en las mañanas. Podría seguirlo como los ratoncitos al flautista de Hamelin. De por vida. Con loción o sin loción, su aroma me encanta. Sin embargo no sólo es su olor lo que me embelesa, sino algo más que despierta mis sentidos, mi atracción por él, mis emociones.

Y es cierto, los aromas tienen gran influencia en tu manera de pensar, de sentir, en la forma de comportarte... incluso te llevan a diferentes estados emocionales y de ánimo.

La memoria olfativa es muy aguda y no se borra. Todos hemos experimentado esa sensación maravillosa que provoca el olor del campo cuando acaba de llover, el café al molerse, el pan recién horneado, porque son aromas que, con frecuencia, te transportan a momentos y etapas de la vida. El sentido del olfato está directamente conectado al sistema límbico, la parte del cerebro que controla tus emociones y tu memoria. De ese modo, hay aromas que ayudan a la formación de tu personalidad con un arraigo semejante al de un recuerdo, una imagen o una voz.

Los aromas y la salud

Cuando percibes un aroma, lo que haces es identificar en la naturaleza el origen de minúsculas partículas aromáticas

SEGUNDA PARTE: TU MENTE

que penetran en tu cavidad nasal y estimulan miles de terminales nerviosas que reportan al cerebro. Esto provoca una reacción, tanto física como emocional. Por ello, con el olfato también es posible estar y sentirte mejor. ¿Cómo? A través de las esencias aromáticas y aceites esenciales llenos de sustancias benéficas para el tratamiento de mil padecimientos, que se utilizan desde la antigüedad. Por ejemplo, hace 2500 años los egipcios usaban lavanda para curar insomnios, migrañas y tranquilizar el ánimo. Con el romero se curaban dolores musculares e hipotensión. Con el olor a menta se cortaban los vómitos y las náuseas.

Muchos de estos conocimientos se dejaron de utilizar hasta que, a principios del siglo XX, el químico francés René Maurice Gatefossé los reconoció y recuperó por accidente. Trabajaba en su laboratorio cuando una explosión le quemó gravemente el brazo. El científico sumergió el brazo en el cubo donde guardaba aceite de lavanda. El dolor se le quitó de inmediato e increíblemente las heridas de la piel sanaron con rapidez y quedaron pocas cicatrices en comparación con otras quemaduras que había tenido con anterioridad. Así, Gatefossé empezó a estudiar las propiedades de la lavanda y de otros aceites esenciales.

Su descubrimiento no causó gran interés entre los científicos. Pero en la Segunda Guerra Mundial, Jean Valnet, médico francés, utilizó con éxito los aceites para tratar las heridas de los soldados en el campo de batalla. Y así, en 1964 su uso se extendió, incluso, al tratamiento de problemas emocionales.

Te invito a hacer tu botiquín familiar con los siguientes aromas, para que los frotes en tu piel, los esparzas en un baño de tina, de vapor o los inhales por medio de un aromatizador:

- **Lavanda.** Aroma fresco, suave, agradable para casi todos. Es un aceite analgésico, sedante, calmante. Ayuda también a regenerar la piel.
- **Romero.** Estimula el cuerpo y la mente. Activa la circulación y actúa como analgésico.
- **Tea tree.** Se extrae del árbol del té australiano. Es el más antiséptico de todos. Fortalece el sistema inmunológico y ataca hongos, bacterias y virus. Útil para todo tipo de infecciones y enfermedades, como resfríos, bronquitis, verrugas, herpes, etcétera.
- **Eucalipto.** Gran expectorante y antiséptico de las vías respiratorias. Diluido en agua y rociado en una habitación elimina 75 por ciento de los estafilococos presentes en el aire.
- **Enebro.** Desintoxicante general. Actúa específicamente sobre el riñón aumentando la cantidad de orina. Además de diurético, es uno de los aceites analgésicos más útiles para dolores articulares.
- **Incienso.** De múltiples aplicaciones terapéuticas, que van desde el sistema respiratorio hasta la piel, así como en el plano psicológico y espiritual. Induce a una relajación tan profunda que facilita el estado meditativo.

Con los aceites esenciales y la magia de sus aromas, puedes seducir, armonizar, recordar, sanar, estimular, calmar... Conocer sus cualidades mejorará tu calidad de vida.

Dale vacaciones a tu cuerpo: un masaje

Qué saludable es tener algunos días de descanso para escapar un rato del trabajo y la rutina. Llegas a tu destino, desempacas la maleta, sales a dar una vuelta para familiarizarte con el lugar; de pronto, te das cuenta de que todo el primer día y hasta el segundo, el único que ha llegado es tu cuerpo; pareciera que tu ser, tu alma, viajaron en un medio más lento que el que te transportó ahí, tardan un día o dos más en llegar. El estrés todavía está impregnado en tu sistema. Los hombros continúan encogidos y el cuerpo contraído.

Se necesita caminar descalzo por la tierra o por la arena durante una tarde, respirar hondo el aire limpio unas cuantas veces, ver las estrellas por un rato, meterse a nadar a algún río, lago o mar, para que entonces sí el alma y el resto del cuerpo empiecen poco a poco a incorporarse. En estos momentos, para completar el descanso, es importante consentir al cuerpo haciendo algo que quizá por falta de tiempo o saturación de trabajo, en lo cotidiano ni siquiera pasa por tu mente: un masaje.

Mucho más que un placer

¿A quién no le fascina que le masajeen la espalda? Se siente delicioso, ¿no es cierto? ¿Sabes por qué? Porque relaja los músculos, pero un masaje es más que eso. Y por supuesto que no hablo de aquellos masajes que anuncian en lugares sospechosos, sino de los que los terapeutas y profesionales dan y que son una poderosa herramienta para mejorar tu salud física, mental y emocional.

Como sabes, el estrés actúa como un congestionamiento de tráfico en el sistema nervioso. Los músculos se tensan, llega menos oxígeno al cerebro, la memoria se bloquea, la digestión se corta, las defensas del organismo bajan y mil "monadas" más que todos los que viven en una ciudad han experimentado.

Sin embargo, no necesitas ir al campo o a la playa para darle a tu cuerpo descanso. En tu ciudad, acude a un lugar profesional. ¡Dale una hora de vacaciones a tu cuerpo, por lo menos una vez a la quincena, y escucharás cómo él te lo agradece de mil formas!

Permíteme ahora compartir contigo los beneficios del masaje:

• **Relaja los músculos**. Éste es uno de los beneficios más directos. Deshace los nudos y las contracturas musculares. En primer lugar, por medio de la fricción del área, el calor hace que un efecto termodinámico suavice el tejido endurecido. En segundo lugar, estimula los puntos que disparan los nervios locales y permite que se descontraigan. Tercero, al presionar los puntos tensionados, logra que la persona se relaje.

• **Eleva la eficiencia inmunológica.** ¿Sabías que en tu cuerpo hay un sistema que corre paralelo al flujo sanguíneo y que, como camión de basura, se encarga de eliminar las toxinas, bacterias, virus, y otros bichos microscópicos que de no eliminarlos te atacan? Es el sistema linfático. Éste no tiene una bomba, como el corazón, que lo ayude. La única manera en la que puedes cooperar para que elimine la basura del organismo es a través del ejercicio y del masaje.

• **Mejora la circulación.** El masaje estimula la circulación de la sangre a la superficie del cuerpo, así como a las áreas donde la fluctuación es más débil. Esto provoca que todos los tejidos reciban más oxígeno y nutrientes.

• **Balancea la energía.** Como la energía es invisible, es fácil menospreciarla. Sin embargo, imagina por un instante a tu cuerpo sin ella. De acuerdo a las nociones orientales de salud, el cuerpo es una red compleja de canales de energía y puntos de presión, a través de los cuales la fuerza de la vida, llamada *chi*, fluye constantemente. Cuando por estrés o enfermedad el *chi* se bloquea, puede liberarse mediante la activación de ciertos puntos en el cuerpo. Los chinos desarrollaron mapas para localizar estos meridianos de energía, los cuales un especialista conoce muy bien. De acuerdo con ellos, el exterior de tu cuerpo es un mapa que refleja tu interior y viceversa.

• **Mejora las funciones de la piel.** La piel es el órgano más grande del cuerpo y el que más beneficios recibe con el masaje debido a que ayuda a eliminar las células muertas de la piel y permite la absorción de humedad, nutrientes y vitaminas, en especial cuando se da con aceites y cremas especiales. Tu piel queda suave, sedosa y vibrante. En esencia, el masaje permite que la piel respire, tal como tus pulmones lo hacen. Una piel saludable, debe inhalar y exhalar.

• **Ofrece confort emocional.** Permitir que toquen tu cuerpo con intenciones terapéuticas requiere de una gran dosis de madurez. Especialmente en los hombres, suele haber una resistencia de tipo psicológica o cultural a que alguien diferente a su pareja íntima los toque. ¡Olvídate de eso! Goza y descansa en el momento en que te dan el masaje. No pienses nada más. Sólo déjate ir.

• **Mejora la apariencia.** La combinación de todo lo anterior te deja con un aspecto formidable, simplemente porque te relaja profundamente, te quita la tensión, el tono de la piel mejora, emocionalmente te reconforta y te ves más saludable.

No lo pienses, dale a tu cuerpo una hora de vacaciones; si no puedes cada semana, al menos cada mes, y disfruta de los grandes beneficios de un masaje.

Melatonina: la hormona de la oscuridad

Ahora, si tu problema es que te levantas cansado por las mañanas, te despiertas a la mitad de la noche, descubres que ya no sueñas o tienes dificultades para dormir. Si respondes "sí" a una o a todas las preguntas anteriores, no estás solo; mucha gente se queja de falta de calidad en el sueño. Afortunadamente, tiene remedio.

Según el doctor Uzzi Reiss, autor del libro *Natural Hormone Balance,* se trata de algo natural que no sólo te ayudará a dormir bien sino que, además, tiene muchos beneficios para tu salud en general.

Es una hormona asombrosa, un reloj integrado que tenemos los humanos que marca el paso de la edad cronológica: la melatonina. Lo maravilloso es que se fabrica en el cerebro y en cuanto el sol se mete, manda la señal de apagar muchos de los sistemas que nos mantienen activos. Y al entrarle el primer rayo de sol al ojo, incluso a través del párpado, automáticamente se vuelven a encender.

Como la luz artificial ha logrado que se duerma menos; y dado que es en las horas de oscuridad y de sueño en las que se reparan muchas sustancias vitales en el organismo, considero importante compartir con ustedes, queridos lectores, lo que aprendí del doctor Reizz.

La melatonina tiene su pico de producción en la pubertad y disminuye durante el resto de la vida, lo que contribuye al proceso de envejecimiento y a que los adultos mayores duerman mucho menos que los jóvenes. Por eso es importante reponerla. Aunque se encuentra en la mayor parte del mundo natural, como en hongos, plantas y en la mayoría de los vertebrados, incluyendo a los humanos, la melatonina de mejor calidad se obtiene del cacao.

¿Por qué es importante para ti?

- Actúa como un poderoso antioxidante que previene el daño de los radicales libres.
- Auxilia en procesos depresivos debido a que interviene en la función tiroidea.
- Disminuye la ansiedad.

- Puede reparar las úlceras al restaurar la mucosa o pared interna dañada.
- Alivia la hipertensión.
- Es un soporte en el tratamiento de las enfermedades neurodegenerativas, como el Alzheimer, al reducir la formación de radicales libres.
- Estimula y mejora el sistema inmunológico.
- Se ha demostrado que fortalece el sistema cardiovascular.
- Reduce los niveles de colesterol y aminora el daño vascular en el cerebro.
- Disminuye las migrañas. Las personas con bajos niveles de melatonina son más propensas a los dolores de cabeza y migrañas, dos condiciones que se ven afectadas por la duración y la calidad del sueño.
- Protege el hígado, pues aumenta la formación de glutatione, antioxidante que se encuentra de forma natural en el ser humano y que con el tiempo se reduce su producción.
- Disminuye el daño que las infecciones causan a los riñones a través de su propiedad antiinflamatoria.
- Es un auxiliar en el tratamiento contra la osteoporosis al reforzar el efecto de los estrógenos en los huesos.
- Promueve la longevidad, debido a que reduce significativamente la respuesta del cerebro a la inflamación —que como ya viste, es la causa de la mayoría de las enfermedades y del envejecimiento.
- Inhibe la proliferación de varios tumores cancerígenos y previene su metástasis.
- Protege contra la diabetes, ayuda a combatir los daños causados por el efecto de los altos niveles de azúcar en la sangre.

• Nivela la sobreproducción hormonal de las glándulas suprarrenales debido a que disminuye los niveles de cortisol por las noches, lo que permite reducir la ansiedad e incrementar las horas de sueño. Esto evita que estas glándulas se deterioren.

¡Uf!, no tengo el espacio suficiente para seguir enumerando los beneficios de este remedio natural que te devuelve el placer de dormir profundamente. Consulta a tu médico si los problemas para dormir persisten, no lo dejes pasar.

!

Beneficios de dormir bien

• Si duermes ocho horas diarias pierdes peso, pues tu cuerpo descansa.

• Para aprovechar correctamente los beneficios de dormir bien debes acostarte temprano, entre las nueve y 10 de la noche.

• De acuerdo con las estadísticas, los desvelados consumen 15 por ciento más de alimentos que los que duermen ocho horas.

• Investigadores de la Universidad de Chicago afirman que, con la falta de sueño, por lo menos 10 hormonas se desestabilizan; no sólo dejamos de producir melatonina, sino que se afecta el apetito, la fertilidad, la salud del cerebro y del corazón. Además, impide la carga de la hormona de crecimiento necesaria para promover la creación de músculo y reducir la grasa.

• La falta de sueño eleva los niveles de cortisol (la hormona del estrés) en lugar de bajarlos, como debería.

• Es importante dormir con el cuarto totalmente oscuro. Aun la lucecita más pequeña impide que el cortisol baje. Así que puedes comprarte un antifaz o tapar con una cinta adhesiva la luz del teléfono, computadora o despertador.

• Te invito a que te propongas ordenar tu vida y trates de apagar la luz máximo a las 10 de la noche.

LA FELICIDAD ESTÁ
EN EL CEREBRO

Las drogas de la felicidad

¿Sabías que nuestro organismo puede producir sus propias drogas? El cerebro, movido por las emociones, produce sustancias químicas que hacen que la persona eleve su autoestima, sienta euforia y esté animada, alegre y vigorosa, sin necesidad de tomar, inyectarse o fumar nada. A estas sustancias que produce el cerebro, denominadas hormonas endógenas, bien podemos llamarles "drogas de la felicidad".

Es increíble que en el enamoramiento la dopamina, que es la droga del amor y la ternura, se eleve notoriamente; también existe la oxitocina, responsable del amor pasional y de la vida sexual. En los recién casados, por ejemplo, hay mucha oxitocina, que tiene el efecto de bloquear el lado izquierdo de la lógica y la razón, y la fenilalanina, que regula el entusiasmo y el amor por la vida. Por eso las parejas enamoradas irradian felicidad, se sienten plenos, alegres y motivados.

Otras sustancias son la endorfina, que transmite energía y equilibra los sentimientos de plenitud y depresión; y la epinefrina, que estimula la capacidad de realización de metas.

Si hay abundancia de hormonas endógenas, hay inteligencia emocional e interpersonal. La persona se siente ubicada, sabe quién es y a dónde va. Tiene control sobre sus emociones, conoce sus habilidades y talentos y se siente dueña de sí misma. Esto lo afirma el destacado antropólogo mexicano José Cruz, en su tratado sobre ingeniería del pensamiento.

Como verás, la felicidad no es algo vago e impreciso, una sensación nebulosa o abstracta. Es el efecto de un flujo correcto de sustancias bioquímicas que te dan equilibrio físico y psicológico.

La serotonina: la hormona de la estabilidad y la calma

"Solemos pensar que la felicidad está afuera, allá, en la otra esquina", como diría Vargas Llosa; sin embargo, las recientes investigaciones científicas demuestran que la felicidad es un estado mental, que te hace sentir sereno y en armonía con el mundo. Y una de las cosas difíciles de creer es, precisamente, darte cuenta de que lograr ese estado no es asunto sencillo.

Sin embargo, según el doctor Eric R. Braverman, a quien ya he citado en este libro, la felicidad no depende del todo de la voluntad: hay una sustancia responsable de darte ese estado mental, una especie de llave para sentir felicidad. Sin ella, no puedes lograr ni estabilidad ni calma. Se trata de la serotonina. Cuando tienes durante el día altos niveles de serotonina, tu humor es maravilloso, te sientes bien, con ánimo y energía; y durante la noche, duermes como bebé. ¡Qué maravilla!, ¿no?

¿Qué pasa si la serotonina está baja?

En cambio, cuando los niveles de serotonina son bajos, te sientes deprimido, no duermes bien y tu mente actúa como la loca de la casa, llena de miedos y fobias extrañas. Braverman afirma que la mayoría de nosotros navegamos en medio de los dos extremos.

La serotonina controla los mensajes bioquímicos que salen del cerebro, crea la electricidad para el descanso y equilibra las urgencias por comer compulsivamente. Sin embargo, si al cerebro le falta esta sustancia, el lado derecho —el creativo— y el izquierdo —el racional—, se desconectan. Cuando esto pasa, simplemente no puedes pensar claramente, te sientes cansado, inestable, irritable, sin energía, emocionalmente fuera de control. Y cuántas veces, al encontrarte en ese estado, te haces el *hara-kiri* mental pensando en las miles de razones por las que estás así, amén de destruir toda relación que está a tu paso, sin mencionar el daño que podría llegar a causarte.

¿Dónde y cómo obtenerla?

Lo irónico es pensar que el origen del problema está en la falta de una simple sustancia que se fabrica en tu cerebro a partir de unos aminoácidos como el tryptophan, que puedes incluir en tu dieta y a través de suplementos alimenticios.

De hecho, dormir ocho horas también es una forma de restaurar la mente y el cuerpo. Al despertar de un buen sueño, estás listo para enfrentar el día; y es que los niveles de serotonina no sólo controlan el sueño, sino que ayudan a lograr que éste sea profundo. Además, mientras duermes, la serotonina se encarga de regenerar casi cualquier parte del cuerpo. Durante este proceso la mente se "resetea" o, mejor dicho, se recarga como la batería del celular, porque el cerebro es eléctrico. Por el contrario, si no descansas bien, el cerebro se queda sin pilas, no se sincroniza y desencadena una cascada de achaques que no alcanzaría este espacio para enumerar.

Lo que escoges comer es muy importante para elevar los niveles de esta sustancia; especialmente los alimentos que son altos en tryptophan, el aminoácido precursor de la serotonina. ¿Sabías, por ejemplo, que en el pavo abunda el tryptophan? Es maravilloso para darte el estado mental que deseas.

La mejor forma: la natural

Aunque en casos extremos la ausencia o descenso de seroto-nina es algo que un médico debe atender, también hay muchas formas para recuperar el balance de manera natural y sin efec-tos secundarios.

Comparto contigo las sugerencias que el doctor Braver-man da a sus pacientes para lograr la sensación de bienestar.

Opciones para el desayuno

- 1 taza de avena con moras y plátano.
- 1 taza de All Bran con 1 taza de leche descremada.
- 120 gramos de salmón ahumado u horneado con jitomates.
- 1 taza de yogur bajo en grasa con germen de trigo.
- 2 huevos cocidos o tibios.
- 1 taza de queso *cottage* con fruta fresca.

Opciones para comer

- 120 gramos de rebanadas de pechuga de pavo con frijoles.
- Media gallinita Cornish y una papa al horno.
- 120 gramos de pescado a la parrilla con brócoli al vapor.

Opciones para la cena

- Sándwich de pavo o de *roast beaf* con galletas de trigo entero.

- Sándwich de pechuga de pollo y una rebanada de queso suizo en pan de granos mixtos.

- Ensalada de aguacate y betabel.

- Queso tofu y brócoli fritos sobre arroz salvaje.

Opciones para postre y colaciones

- Dip de guacamole con verduras crudas.

- 1 taza de yogur batido con moras mixtas y nueces.

- Queso suizo con galletas de trigo entero.

- 1 taza de nueces mixtas.

- 1 taza de semillas de girasol y pasas.

Otra opción: suplementos naturales

Asimismo, muchos suplementos pueden contribuir a mejorar el estado de ánimo y la depresión. Por ejemplo, el L-tryptophan, que se compra en las tiendas de vitaminas y también forma parte de los multivitamínicos. La melatonina tomada antes de dormirte es un precursor natural del sueño y el descanso, como viste en el tercer paso de este libro. La vitamina B6, los aceites de pescado, el magnesio y la vitamina B3 te ayudan a obtener esa serenidad tan deseada hoy en día. Como siempre, consulta con tu médico.

La dopamina: la hormona del bienestar

 La dopamina hace que la mente se sienta viva, alerta, despierta y atenta. ¿Sabías que a la madre Teresa de Calcuta se le realizó un análisis para revisar la bioquímica de su sangre y se encontró que era una persona altamente dopamínica, por lo tanto plena y feliz?

¿Cómo se refleja la presencia de este tipo de sustancia? Una de las formas es a través del servicio a los demás. Seguramente has sentido esa satisfacción indescriptible cuando haces el bien a otro, cuando lo ayudas, cuando simplemente lo escuchas. ¡Qué sencillo y comprometedor es el secreto de la felicidad de la madre Teresa!

De la misma manera, la alta cantidad de dopamina emitida por la mujer cuando va a dar a luz es precisamente el origen del gran amor y la ternura. Al producirse esta sustancia en grandes cantidades provoca un bloqueo en el hemisferio izquierdo del cerebro, aislando la razón. Observa la cara, la expresión del rostro y el brillo de los ojos que encuentras en una madre que acaba de dar a luz. Es muy especial.

¿Qué pasa si la dopamina está baja?

Como la dopamina sólo la producen los mamíferos, dice el antropólogo Cruz, en los reptiles puedes ver, por ejemplo, que si las crías no se ponen abusadas, simplemente la madre se las traga.

Y de acuerdo con el doctor Braverman, cuando tu cerebro no la produce de manera suficiente, todo el poder de sentirte vivo, alerta, pleno, desciende en espiral, en formas inimaginables.

¿Te has sentido fatigado de un tiempo para acá? ¿Has engordado sin razón alguna? ¿Sientes que la energía física desciende? ¿Tu libido ha disminuido? ¿Te cuesta trabajo concentrarte? Bueno, pues todo esto puede ser por falta de dopamina en tu cerebro, que deja de incrementarse un cinco por ciento cada 10 años.

Así que sentirte cansado todo el día es una enorme carga difícil de aguantar. Sin darte cuenta, para compensar la pérdida de energía te recetas comida. Tu cerebro y tu cuerpo empiezan a buscar con desesperación la energía de la que carecen, por lo que te atraen los alimentos que la proporcionan rápidamente: cafeína, donas, pan, todo lo que contenga azúcar y carbohidratos simples. Y antes de que te des cuenta, ¡ya subiste de peso!, y literalmente tienes adicción por la comida chatarra. Lo peor es que, cada vez más, tu cuerpo los necesitará en mayores cantidades para mantener la dopamina y la energía altas. ¡Imagínate! Sin embargo, si dejas de consumirlos, puedes tener síntomas de supresión. ¡Sí!, como adicción a la cocaína. Aunque con este tipo de comida no puedes tener una sobredosis, como con la coca, los resultados de la dependencia son igual de peligrosos. La obesidad, después de todo, es un factor importante de envejecimiento.

Evita que la fatiga te envejezca

Es muy sencillo: conforme una persona envejece, se siente cansada. La producción de dopamina disminuye y el metabolismo también pierde energía y, por tanto, su cerebro también. Además, este químico desempeña un papel importante en la formación de hábitos: le enseña al cerebro lo que quieres y te motiva a conseguirlo, sin importar si es bueno para ti o no. Asimismo, influye en la memoria, el deseo y la toma de decisiones. Es decir, aprende por estímulos.

Para romper con los malos hábitos, necesitas "resetear" los circuitos de dopamina. ¿Cómo? Los doctores Oz y Roizen —de los que hablaré en otros apartados—, en su libro *You Staying Young,* recomiendan darte pequeños premios cuando suprimes la comida confort. Por ejemplo, cómprate algo, aunque sea pequeño, no un helado ni una pizza, por supuesto, pero sí algún detalle que te guste, o regálate un masaje, un manicure, algo que te reconforte en sustitución de la comida. Conforme lo haces, el cerebro empezará a producir un factor neurotrópico que es como un abono maravilloso que incrementa su plasticidad y propicia conductas más sanas y duraderas.

Otras formas de incrementar las drogas de la felicidad

Antes que nada, consulta a tu médico y revisa tus niveles hormonales, es recomendable hacerlo a partir de los 35 años. La influencia de estos niveles en nuestra calidad de vida y estado de ánimo es ¡impresionante! Además:

- Ama y disfruta apasionadamente lo que haces.
- Relaciónate con personas que te motivan y engrandecen tu sentido de vivir.
- Valórate y haz cosas que eleven tu autoestima.
- Trabaja para lograr pequeñas o grandes metas.
- Descansa y duerme profundamente entre siete y ocho horas. ¡Es muy importante!
- Maneja el estrés.
- Come un trozo pequeño de chocolate oscuro.
- Haz por lo menos 30 minutos de ejercicio aeróbico, cinco veces a la semana. ¡Practica yoga!
- Reduce el consumo de grasas saturadas y aumenta el consumo de verduras y frutas.
- Recuerda los momentos felices de tu vida. La mente no distingue entre lo real y lo imaginario.
- No descartes los suplementos y medicinas que aumentan la producción de dopamina en el cerebro y mejoran tu ánimo; aunque recuerda que estos sólo te los puede recetar un médico.

Sin los Omega-3, tu cerebro no funciona

Un científico en Bethesa, Maryland, cree haber descubierto el secreto para sentirte feliz. Él considera su hallazgo tan poderoso como para cambiar el mundo.

Su nombre es Joseph Hibbeln. Es jefe de Servicio de Salud Pública en Estados Unidos, médico y bioquímico. Después de 20 años de investigación está convencido de que los ácidos grasos Omega-3 que se encuentran en pescados y suplementos derivados, así como en otros alimentos, tienen el potencial de aumentar el sentimiento de felicidad, disminuir la depresión, reducir el estrés y ayudarte a tratar una amplia variedad de problemas emocionales y mentales.

Es más, el doctor Hibbeln está convencido de que si se persuadiera a la gente de incrementar el consumo de Omega-3, se produciría una importante reducción en las tasas de homicidio, suicidio, violencia, conducta agresiva, sentimientos de desesperanza y desórdenes de personalidad. ¿Estará la sociedad tan necesitada de ácidos grasos?

La razón por la que 99 por ciento de la población del siglo XXI, tiene carencia de Omega-3, vital para el cerebro, es que se encuentran principalmente en animales que en la actualidad ya no se consumen, como ballena, foca, morsa, trucha ártica, peces salvajes y en plantas silvestres que cayeron en desuso. Además, se ha incrementado el consumo de aceites refinados como los de maíz, soya, girasol, que contienen Omega-6; mismos que compiten con los Omega-3 y les restan todos sus beneficios.

¿Qué hacen los aceites Omega-3?

Además de controlar tu función genética, regular tu sistema inmunológico y mejorar tu metabolismo, estos ácidos grasos son un componente vital de la membrana que cubre cada uno de los 100 trillones de células del cuerpo, ¡imagínate! Sin ellos, no pueden transmitirse los mensajes entre una célula y otra:

sin Omega-3, tu cerebro no funcionaría. Todo lo anterior lo afirma el doctor Mark Hyman, en su libro *The UltraMind Solution*.

Actualmente, las únicas fuentes de Omega-3 son: leche materna, pescados salvajes grasos, algas marinas, linazas, aceite de hígado de bacalao, nueces de castilla, huevos de gallina a la que se le ha alimentado con linaza y comida con base en el pescado.

¿Cómo benefician los Omega-3 a la salud del cerebro y a la salud emocional?

Los expertos no están seguros de cómo operan los Omega-3 en tu organismo; sin embargo, tienen muchas hipótesis. Pueden elevar los niveles de neurotransmisores: serotonina, que se asocia con la reducción de depresión, suicidio y conducta agresiva; dopamina, que controla los procesos de "recompensa" del cerebro. Se ha demostrado que existe una relación proporcional en la tasa de depresión y el consumo de pescado: en los países donde no se consume el pescado, la depresión es más elevada, y viceversa.

Los Omega-3 pueden elevar el flujo de sangre al cerebro, proteger las células y promover su salud. Asimismo, reducen la inflamación cerebral asociada con problemas como autismo, Alzheimer, depresión y déficit de atención e hiperactividad.

Desafortunadamente, en el mundo tóxico de hoy algunos pescados contienen altos niveles de mercurio y otros contaminantes que causan problemas de salud. La buena noticia es que hay "pescados y productos marinos buenos" altos en

Omega-3 y bajos en contaminantes como las anchoas, maca-rela del Atlántico, ostiones de granja, pez espada de Alaska y Canadá, salmón de Alaska, sardinas, trucha de granja y atún.

El doctor Mark Hyman dice algo contundente: "Estás tan sano como lo estén las membranas que cubren tus células. En ellas se lleva a cabo toda la 'comunicación' biológica de tu cuerpo. Y los Omega-3 forman la estructura básica de *todas* las membranas de tus células".

Así pues, querido lector, te invito a consumir más Ome-ga-3. Por lo pronto, yo lo estoy haciendo y realmente vivo con menos estrés.

¿Cómo se llama?

¡No lo puedo creer! He platicado con él mil veces, lo veo con relativa fre-cuencia, me cae muy bien, hemos trabajado juntos en algún momento; sin embargo, el otro día que nos en-contramos, ¡no pude acordarme de su nombre! "¿Cómo se llama?... ¿Cómo se llama?", mi mente empezó una búsqueda de emergencia en el disco duro y mien-tras escuchaba un amable: "¡Qué gusto verte, Gaby! ¿Cómo has estado?", sonreí con disimulo para darle tiempo al cere-bro... ¡pero su nombre no aparecía! "¡Que te vaya muy bien!" ¡Un nombre que he repetido cantidad de veces! Después de unos días, por fin recordé: ¡Roberto! Demasiado tarde...

Me quedé alarmada. ¿Qué le pasa a mis neuronas? Tú sabes, por ejemplo, ¿cuántos pensamientos generas durante un día normal? ¿50? ¿5000? ¿10000? La sorpresa es que en 24 horas tenemos billones de pensamientos. En nuestro pequeño y querido cerebro guardamos canciones, números telefónicos, cumpleaños, anuncios comerciales, la textura de las piedras, el olor de tu perfume favorito... todas las imágenes, datos y experiencias de la vida.

¿Por qué algunas cosas se graban para siempre y otras vuelan como aves pasajeras?

Sólo un ejemplo: te dan un teléfono o un correo electrónico porque en ese preciso momento no tienes dónde apuntar los datos. Pasa sólo media hora, y al tratar de recordarlo la memoria te traiciona. ¿Era 18 ó 28? ¿Era punto com o punto com punto mx? Sin embargo, recuerdas a la perfección la letra de una canción que te emociona, o el aroma del perfume de alguien que te atrae.

Como estoy convencida de que al comprender un poco más la razón de la pérdida de memoria se puede combatir mejor. Decidí investigar al respecto, por lo que recurro nuevamente a los doctores Michael Roizen y Mehmet Oz.

Como los bebés, todo lo que tu cerebro quiere es atención. Que lo nutras, lo retes, lo cuides y así tal vez puedas vencer una herencia genética que no es precisamente la memoria de "Funes, el memorioso", de Borges.

Algunos puntos importantes

• La pérdida de memoria comienza mucho antes de darte cuenta: ia los 16 años! Y es relativamente común que se te olviden cosas a los 40.

• La memoria es el proceso de aprender determinada información, guardarla y recordarla cuando la necesitas, ya sea para resolver problemas, contar una historia o ponerle nombre a una cara.

• Debido a una diferencia genética, los hombres pierden la habilidad de resolver problemas complejos conforme pasa el tiempo, mientras que las mujeres pierden la habilidad de procesar la información con rapidez. Es como si cada frase fuera procesada en el cerebro de manera similar a como las cartas entran una por una en la delgada rendija de un buzón.

• El aprendizaje comienza con poderosas conexiones neuronales que disparan mensajes entre sí. A esto se le llama sinapsis. Lo importante es que la habilidad de las neuronas para comunicarse se fortalece o se debilita según su uso; entre más sinapsis, más fuertes son las conexiones y más proliferan. Si estás alerta, algo te emociona o lo disfrutas, lo aprendes más rápido y la conexión se fortalece.

• En el hipocampo, que tiene forma de caballito de mar y se encuentra en lo profundo del cerebro, se procesa la información antes de mandarla al archivo de largo plazo.

• Pero, iojo! En el cerebro hay fragmentos de proteínas, cuyo nombre suena a personaje de *Star Wars,* droide-beta-amiloide, responsables de ensuciar con una sustancia pegajosa los cables en el cerebro que transportan la información. Entonces, la memoria empieza a fallar.

- En general, los genes controlan una parte de la cantidad de beta-amiloide que tienes. Pero tú también puedes alterar la porción de esa gruesa sustancia semilíquida, que provoca que los cables se cuelguen y se vuelvan pesados.

- Hay una maravillosa proteína que trabaja como personal de la compañía de luz, y que llega a limpiar todas las ramas que destruyeron los cables después de la tormenta. Se llama Apo E y barre el beta-amiloide para que tus sinapsis puedan seguir funcionando como deben.

- Los trabajadores de la Apo E limpian cada vez que creas nuevas sinapsis. Es decir, cuando le presentas al cerebro novedades inesperadas y divertidas a través del olfato, la vista, el oído, el gusto y el tacto. O bien, con sudokus, crucigramas, rompecabezas, ajedrez, un nuevo idioma y demás.

Un cerebro más ágil

El resultado de poner en práctica todo lo anterior es que el cerebro se vuelve más flexible, ágil y su capacidad de memoria aumenta.

Al leer esto, probablemente piensas: "Yo leo, trabajo, hago ejercicio, y mil cosas durante el día, así que mi mente debe estar muy estimulada." La verdad es que la vida del ser humano transcurre en medio de rutinas. Piensa en un día o semana promedio. ¿Qué tan diferente es tu rutina de la mañana, tu ruta hacia el trabajo, la hora en la que comes o regresas a casa? ¿El tiempo que pasas en el coche? ¿Los programas que ves en la televisión?

Y como las actividades rutinarias hacen que el cerebro funcione en automático, pues requieren un mínimo de energía y las experiencias pasan por las mismas carreteras neuronales formadas tiempo atrás; por eso no hay producción de neurotrofinas.

!

Algunos ejercicios que expanden sustancialmente las dendritas:

• **Báñate con los ojos cerrados.** Con el tacto localiza las llaves, ajusta la temperatura del agua, busca el jabón, el champú o la crema de rasurar. Verás cómo tus manos notarán texturas que nunca habían percibido.

• **Utiliza la mano no dominante.** Come, escribe, abre la pasta, lávate los dientes, abre el cajón con la mano que más trabajo te cueste usar.

• **Lee en voz alta.** Se activan circuitos distintos a los que usas para leer en silencio.

• **Elige otra ruta.** Toma diferentes rutas para ir al trabajo o a tu casa.

• **Modifica tus rutinas.** Haz cosas diferentes. Sal, conoce y platica con personas de diferentes edades, trabajos e ideologías. Experimenta lo inesperado. Usa las escaleras en lugar del elevador. Sal al campo, camínalo, huélelo.

• **Cambia las cosas de lugar.** Al saber dónde está todo, el cerebro ya construyó un mapa. Cambia, por ejemplo, el lugar del bote de la basura; verás la cantidad de veces que aventarás el papel al viejo lugar.

• **Aprende nuevas cosas.** Lo que sea, puede ser fotografía, cocina, yoga, estudia un nuevo idioma. Si te gusta armar rompecabezas o coches, tápate un ojo para que pierdas la percepción de la profundidad, por lo que el cerebro tendrá que confiar en otras vías.

> • **Identifica las monedas.** Pon en tu coche una taza con varias monedas diferentes y tenlas a mano para que, mientras el semáforo está en rojo, trates de identificar con los dedos la denominación de cada una.

¿Por qué no abrir la mente y probar estos ejercicios tan sencillos que, de acuerdo a los estudios de neurobiología del Duke University Medical Center, amplían la memoria? Con suerte, no volverás a preguntarte: "¿Dónde dejé mis llaves?"

Tu cerebro necesita que lo apoyes

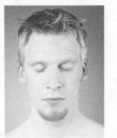

"De aquí a un año, ¿cómo estaré?" Te invito a que te hagas esta pregunta y en un lapso de 12 meses pruebes lo que una buena alimentación puede hacer por tu cerebro y por ti.

¿Qué día es hoy? Ubícalo en tu agenda y úsalo como parámetro. Tu salud física, mental, emocional y espiritual será mejor o peor, así como tu felicidad profesional, personal, de pareja y muchas otras cosas más. ¿De qué depende? De las decisiones que tomes.

Para que en ese lapso al menos el cerebro esté mejor, comparto contigo información sobre las vitaminas y minerales que tu centro de control agradece que consumas; recomendaciones hechas por la Universidad de Maryland. ¿Sabías, por ejemplo, que el cerebro sólo tiene dos por ciento de tu peso corporal y usa 20 por ciento de tu energía? Así que, inecesita que lo apoyes! Y como ya viste en líneas anteriores, son precisamente los Omega-3 los que ayudan a proteger las membranas de las células, transmitir mensajes y reducir la inflamación, lo que favorece el buen humor, el aprendizaje, la prevención de enfermedades, entre muchas cosas más.

Más sano e inteligente, o todo lo contrario

Desde que los científicos descubrieron que "somos lo que comemos", nos bombardean con toda clase de datos acerca de alimentos, vitaminas y antioxidantes que en ocasiones hasta se contradicen. Sin embargo, todos concuerdan en que todo aquello que comes te hace más sano, inteligente y feliz, o todo lo contrario.

También es cierto que el cerebro sobrevive, ya sea con comida chatarra o con nutrientes de calidad. La diferencia, claro, está en que su funcionamiento sea como el de una carcacha o el de un Ferrari. Lo que comes ayuda a tu intelecto a fabricar químicos (neurotransmisores) que envían señales que te hacen sentir bien, enfocar tu atención y tener buena memoria.

Asimismo, la alimentación adecuada ayuda a generar neuronas sanas con bosques de dendritas y mantiene la flexibilidad o neuroplasticidad del cerebro. Así que checa la información.

Lo que nutre a tu cerebro

• **Las grasas sanas, como Omega-3.** ¡Otra vez los Omega-3! Ya sabes todo lo que pueden hacer por ti y dónde encontrarlos, así que sería bueno que te decidieras a incluirlos en tus comidas.

• **Los vegetales.** Las personas mayores que comen tres raciones de verdura al día reducen el envejecimiento cognoscitivo natural en 40 por ciento, de acuerdo con el Chicago Health and Aging Proyect. ¡Vale la pena! Recuerda que los siguientes son muy benéficos:

* *El aguacate* está lleno de nutrientes para el cerebro. Contiene fibra, vitaminas y potasio. Su grasa monosaturada contribuye al flujo de sangre y a reducir la presión sanguínea.

* *Las verduras oscuras* como espinaca, brócoli, etcétera, pueden reducir el daño cerebral y protegerlo de infartos y otros daños.

* *La papa dulce y otros vegetales coloridos* están llenos de vitamina B-6, vitamina C, antioxidantes y beta-caroteno.

* *Crucíferas*, como el brócoli, las coles moradas y de Bruselas tienen vitaminas y el químico índole-3-carinol, que repara el ADN dañado.

Antes se recomendaba comer cinco porciones de fruta y verdura al día. Hoy las investigaciones consideran mejor elevar las porciones, entre cinco y nueve diarias. Una "porción" se refiere a una verdura completa, media taza de verdura cocida o una taza de verdura cruda. Inclúyelas a media mañana y por la tarde, además de las otras comidas.

• **Los antioxidantes.** Ya vimos qué son, para qué sirven y dónde encontrarlos. No te olvides de ellos, ingiérelos diariamente.

• **Agua.** El cerebro es 78 por ciento agua; si tiene sed, se vuelve lento y torpe.

• **Especias.** De acuerdo con una investigación del *Pharmacological Biochemical Behavior*, la cúrcuma, azafrán, canela y salvia ayudan significativamente a la memoria.

Vitaminas y minerales

• **Vitaminas del complejo B.** Ayudan a aumentar y mantener la energía, favorecen conexiones nerviosas y al sistema nervioso en general.

• **Tiamina.** Favorece la metabolización de la glucosa —principal fuente de energía cerebral—, misma que ayuda a la transmisión de los impulsos nerviosos. Se encuentra en la carne de puerco, legumbres, nueces y semillas.

• **Vitamina B-12.** Mantiene la capa protectora de las células nerviosas y previene que se dañen. Está en la leche, los huevos, la carne, la leche de soya y los cereales reforzados.

• **Ácido fólico y folato.** Cruciales para el buen funcionamiento cerebral. Aumentan las funciones de aprendizaje y reducen el riesgo de Alzheimer. Las embarazadas toman folato para reducir defectos en el tubo neuronal de sus bebés. Así que come espinacas, lechuga romana, hígado, levadura de cerveza, espárragos, habas, trigo, brócoli, algunas nueces y cereales enriquecidos. La carencia del folato a veces se asocia con depresión.

• **Vitamina B-6.** Esencial para producir muchos neurotransmisores. Contribuye a que disminuya el riesgo de depresión, demencia o degeneraciones nerviosas. Se encuentra en pollo, pescado, puerco, trigo integral, arroz salvaje y algunas frutas y verduras.

• **Vitamina C.** Es un antioxidante principal. Lo encuentras en cítricos, pimientos, fresas, papaya y verduras tipo brócoli, coliflor, coles de Bruselas. La vitamina C ayuda a la sintetización de los neurotransmisores básicos para el buen estado de ánimo y adecuado funcionamiento del cerebro. Protege a las proteínas, grasas y carbohidratos así como al ADN del daño de los radicales libres.

• **Vitamina E.** Antioxidante con la cualidad de ser asimilado de inmediato por el cerebro. Puede prevenir el Alzheimer, en especial cuando se combina con vitamina C. Se encuentra en germen de trigo, vegetales, nueces, aguacate, vegetales de hoja verde y cereales fortificados.

• **Minerales.** Tal como el boro, que aumenta la memoria y la coordinación entre los ojos y las manos. Lo contienen las peras, manzanas, duraznos, uvas y pasas. El hierro es esencial para que la hemoglobina lleve el oxígeno al cerebro. Se encuentra en carnes, pollo, pescados, granos enteros, chícharos y semillas secas. El magnesio participa en la transmisión de impulsos nerviosos; de hecho, una deficiencia de éste crea nerviosismo y tics. Está en vegetales de hoja verde, tofu, cáscara de papa, granos enteros, semillas, plátanos y chocolate. El manganeso contribuye a la realización de funciones cerebrales; se encuentra en nueces y granos enteros. Si no hay suficiente cobre en el organismo, algunas funciones cerebrales y del sistema inmunológico se ven afectadas; este mineral está presente en vísceras, mariscos, nueces, semillas, pan integral y chocolate. Por su parte, el zinc mantiene y protege la membrana de las células. La falta de este mineral puede crear problemas neurológicos, apatía, fatiga e irritabilidad. Lo puedes hallar en carnes rojas, hígado, huevos, lácteos, vegetales y algunos mariscos. El selenio ayuda a sintetizar algunas hormonas y protege a la membrana celular de sufrir algún daño; se encuentra en mariscos, hígado y huevos.

Así que ya sabes, para sentirte mejor en un año, al menos en lo que al cerebro se refiere, ya tienes la receta.

¡Qué delicia de vicio!...

Recuerdo que cuando cumplí 16 años, Pablo, mi novio, me regaló el libro *El corazón de piedra verde*, de Salvador de Madariaga. En ese entonces, la lectura, si no era obligatoria por la escuela, no me atraía tanto. No recuerdo exactamente qué me motivó a abrir las páginas de ese libro, pero lo que nunca olvidaré es que se quedó grabado en mí de manera perenne; me produjo un gran deslumbramiento viajar en el tiempo, descubrir un mundo mágico de amores y desamores, pude acercarme a las sutilezas de la psicología humana y verme reflejada en muchos de sus párrafos como en un espejo. En el libro encuentro traducidas en palabras mil cosas que sentía, vivía y que hasta la fecha vivo y no sé cómo nombrarlas ni describirlas.

A los aztecas, por ejemplo, que antes eran sólo un tema para pasar alguna materia, ahora los veo con una lente de aumento o con microscopio; sin apenas darme cuenta forman parte de mí, de mi vida, porque los comprendo y, por tanto, los aprecio.

Recuerdo cómo esperé con ansiedad liberarme un poco del mundo para acomodarme plácidamente y sumergirme en las páginas de aquel libro entrañable; soy incapaz de contenerme, y en una escapada a mi cuarto leo de pie el desenlace de alguna trama. Me siento cómplice de algo.

Recuerdo que termino el libro verde de pasta dura, rememoro dónde estoy y lo que traigo puesto. Con la mano lo acaricio, me lo llevo al pecho y, por primera vez, comprendo la magia y el amor que se le puede tener a un libro. La frase tantas veces escuchada: "Un libro es como un amigo", cobró sentido en aquellos años. Ahí comenzó mi adicción.

Me da tristeza pensar en las personas, en especial los jóvenes, que no han descubierto este hábito adictivo, placentero y sin consecuencias negativas, como es la lectura. Estoy segura de que en el momento en que lo hagan, quedarán atrapados para siempre por su "nicotina".

Los beneficios de leer

• **Leer activa tu mente.** A diferencia de cuando te sientas frente a la televisión y te quedas hipnotizado, leer hace que uses tu cerebro. No importa si se trata de una novela, un cuento o lo que sea; leer provoca encontrarte con muchas ideas, lugares, cosas o emociones desconocidas. Esto te obliga a usar la razón, la materia gris del cerebro, para pensar y ser más inteligente.

• **Leer mejora tu vocabulario.** No sólo porque tu abanico de palabras se amplía, se enriquece, sino que mejora tu gramática y ortografía.

• **Viajas a otros lugares y culturas.** A través de un libro viajas no sólo al pasado, al futuro y al otro lado del mundo, aprendes estilos de vida y costumbres, sino que también viajas al interior del alma, del cerebro de las personas, de sus emociones, sus experiencias y sus historias.

• **Mejora tu concentración.** Leer un libro requiere que enfoques tu mente más tiempo del que requiere leer una revista o un correo electrónico; como un músculo, tu cerebro se fortalece y tu concentración mejora.

• **Mejora tu autoestima.** Entre más lees, más sabes. Entre más sabes, la confianza en ti mismo aumenta.

• **Mejora tu memoria.** Ya sabes que la memoria es como un músculo: si no la usas, la pierdes. Como leer requiere acordarte de detalles, hechos, temas, caracteres, sitios, etcétera, tu capacidad de retención se fortalece.

• **Mejora tu creatividad.** Leer sobre la diversidad de la vida te expone a nuevas ideas e información, que te ayudan a desarrollar el lado derecho del cerebro.

• **Siempre tienes tema de conversación.** Las posibilidades de compartir temas y conocimientos se vuelven ilimitadas.

Leer te conecta, amplía tu horizonte, te acerca a ti mismo, expande la mente, la memoria y el gozo. ¿Por qué no leer más?

Date ese ratito en el día o por las noches, en una deliciosa posición horizontal para sumergirte en silencio en un mundo atemporal, ajeno a la realidad exterior y a salvo de todo, al menos por un lapso.

Te invito a apagar la televisión para disfrutar de ese rato de lectura, sin el peso de tratar de conciliar el sueño tras haberte enterado de las últimas violencias y catástrofes en el mundo. Asimismo, motiva a tus hijos a que lean. La peor forma es imponerlo. Se predica con el ejemplo, así que si tú lees, será más fácil que les pidas que lean y puedes contarles historias, cuentos y lugares encantados, que surgen de los libros y de la imaginación. Limita su tiempo en los juegos electrónicos porque crean una adicción estéril y negativa que los desconecta, los aleja de sí mismos, de la realidad y les llena de violencia la mente y la imaginación. Cultiva la lectura y, sin duda, ¡vivirás mejor!

¿Bichos raros? Los nuevos dueños

Si pasas de los 40 años, es probable que aún no lo hayas notado; sin embargo, pronto te darás cuenta. Lo que es un hecho es que tus hijos se percatarán muy rápido o ya lo han hecho: el mundo vive un gran cambio.

Antes, cuando un hijo o una hija decían: "Voy a estudiar contabilidad, leyes, medicina, finanzas o ingeniería", lograban que se dibujara una sonrisa en la cara de sus papás, ya que esto garantizaba cierta independencia, un buen sueldo en el futuro y, por tanto, una vida decorosa.

Estas profesiones requieren de habilidades que corresponden al lado izquierdo del cerebro; es decir, las de orden lineal, lógicas o secuenciales. Los que realizan tareas de esta índole eran y son —hasta el día de hoy— quienes han puesto a girar la economía y, por ende, los considerados dueños del mundo.

¿Recuerdas cómo aquellas profesiones que se salieran de la norma y de las expectativas de los papás —como por ejemplo ser fotógrafo, diseñador, artista— provocaban grandes insomnios en la familia y eran vistas como las responsables de "pobre de mi hijo (o hija)... se va a morir de hambre"? Estas actividades pertenecen al hemisferio derecho del cerebro. Y quienes se sentían atraídos por este tipo de ocupaciones eran etiquetados como "bichos raros". Actualmente, no sólo se les ha retirado la etiqueta de locos, sino que se convertirán, nada más y nada menos, en quienes gobernarán al mundo. La era de dominio del "lado izquierdo del cerebro" ya pasó, se fue. En esta era conceptual, el futuro pertenece a las personas con una mente diferente: diseñadores, inventores, maestros, cuentacuentos, etcétera; es decir, a quienes utilizan el lado "derecho del cerebro".

Hasta que leí el libro de Daniel Pink, *A Whole New Mind,* supe de qué se trata este cambio que se vive en la actualidad. Como en lo personal me trae grandes esperanzas, sólo deseo, como tú, que las transformaciones sean para un mundo mejor.

Rutina: lo que más asusta

Así como la historia del mundo ha evolucionado —hemos pasado de la era de la agricultura a la industrial, y luego a la tecnológica—, hoy entramos, según el autor de este *bestseller*, a la era conceptual. ¿Por qué? Si piensas en números, millones de personas hacen tareas de rutina. La palabra que más asusta en la economía es precisamente ésa: rutina. Porque hoy existe un *software* que puede sustituir el lado izquierdo del cerebro y por 300 pesos calcular impuestos, reducir la información a una fórmula u hoja de trabajo, o hallar esas habilidades en el otro lado del mundo por mejor precio.

Lo que se requiere es algo que la gente no se haya dado cuenta que necesita. ¿Quién, hace ocho años, imaginaba que necesitaríamos un Starbucks? ¿O 10 millones de personas un iPod, o un MP3? O bien, el éxito que alcanzarían los buscadores de datos como Google, y Amazon, o las redes sociales como Facebook? Estos son el resultado de habilidades creativas, con diseño, fáciles de usar, objetos de deseo que atraen todos los sentidos.

Hoy es necesario tener un trabajo que sea difícil de maquilar, automatizar, o buscar fuera algo nuevo, inesperado, que cambie el mundo. No quiere decir que los contadores, médicos, abogados o ingenieros se quedarán sin trabajo, simplemente tendrán que incorporar las seis estrategias claves que incluyan creatividad, empatía, significado, juego, historias y una visión más amplia de las cosas, como presentar datos con un contenido emocional.

Por tanto, para lograr el éxito se necesita también del alma y sus quehaceres, que residen en el lado derecho del cerebro. Así que antes de que el cambio en el mundo te tome por sorpresa, pregúntate: "¿En qué soy muy bueno?", pero, sobre todo: "¿Qué me apasiona?"

Lo que en realidad te da satisfacción es dejar una huella más grande que tú, algo útil y con significado. Algo que tenga sentido y que no sólo te obligue a potenciar tus habilidades, sino que incluya apostar el alma.

Las seis estrategias clave

Daniel Pink realiza una investigación sobre este cambio en el mundo, mientras destaca las seis habilidades humanas que serán esenciales para el éxito profesional y la satisfacción personal:

- Diseño. No sólo se necesitará que un producto, servicio, estilo de vida o una experiencia sea funcional y práctica. Hoy es económicamente crucial y personalmente muy satisfactorio crear algo que también sea bello, divertido, caprichoso y que te involucre emocionalmente.
- Historia. Cuando te desborda la información no es suficiente elaborar un argumento aceptable. Alguien, con toda seguridad, encontrará formas de debatir tu punto de vista. Hoy lo fundamental es persuadir, comunicar, comprender y poseer cualidades narrativas para contar una historia.
- Sinfonía. No sólo necesitas enfocarte en algo, sino tener una visión más amplia de las cosas. Mucho de lo que se creó en la

era de la revolución industrial y de la informática requería especialización. Sin embargo, conforme el trabajador de cuello blanco se dirige a Asia, se reduce todo a un *software*, se solicita un nuevo extra: poner las piezas juntas, o lo que Pink llama "sinfonía". La demanda actual no está centrada en el análisis, sino en la síntesis, ver en el cuadro completo. La idea es tener la disposición de cruzar fronteras y la capacidad de combinar piezas disparadas para crear un nuevo *entero*.

• Empatía. El pensamiento humano es lógico por naturaleza. Sin embargo, en la actualidad la información está a sólo un clic de distancia, se puede acceder a ella desde cualquier lugar con la tecnología adecuada; razón por la cual tener solamente lógica resulta insuficiente. Lo que distinguirá a aquellos que destaquen será su habilidad para comprender lo que hace vibrar a quienes le rodean, crear relaciones y cuidar de los demás.

• Juego. La seriedad a la que el mundo de los negocios le ha levantado un altar no es la única vía posible. Hay muchas evidencias sobre los grandes beneficios que proporcionan —sobre nuestra salud, en lo profesional y en lo personal— el humor, la risa, la liviandad y el juego. Hay momentos para estar serio, por supuesto. Sin embargo, demasiada sobriedad puede perjudicar una carrera y, lo más grave, tu bienestar. En la era conceptual —como la llama Pink— todos necesitan jugar, en la vida y en el trabajo.

• Significado. No sólo se trata de acumular cosas materiales, reconocimientos, posesiones... Se necesita perseguir algo que contenga más valor, ¿ya sabes? Propósito, trascendencia y plenitud espiritual.

De acuerdo con Pink, estas seis habilidades aumentarán en el mundo y en la vida de los seres humanos.

Dale la bienvenida al cambio. Estas cualidades siempre han sido parte del ser humano, simplemente se han oxidado un poco después de la era informática que vivimos.

El mundo, como siempre, está en tus manos; es cuestión de abrirte y abrazar el cambio que está sucediendo.

Para concluir este apartado, te puedo decir que la felicidad comienza en el cerebro. Sentirte feliz es una actitud ante la vida. Las drogas de la felicidad no se pueden conseguir en la calle; sólo puedes crearlas si llevas una vida llena de amor, entrega, optimismo, satisfacción personal y agradecimiento por el logro de las metas alcanzadas y, sobre todo, con devoción por lo que haces. No lo olvides, está en ti verte bien iy sentirte mejor!

TERCERA PARTE | **TU ESPÍRITU**

DALE IMPORTANCIA A TUS AFECTOS

El perdón es una decisión,
una actitud,
y una forma de vida.
El perdón es la elección
de ver la luz de la lámpara
y no la pantalla.

G. Jampolsky

El verdadero **bienestar**

El viajero llega a un pueblo y al pasar por el cementerio le llaman su atención las fechas en las tumbas. Se asombra de la brevedad de las vidas porque todas oscilan entre los 9, 11, 12 y 15 años. Azorado, pregunta: "Oiga, ¿por qué aquí todos han muerto tan jóvenes?", y el viejo cuidador del lugar le responde: "No señor, no han muerto jóvenes, es que los que vivimos en este pueblo sólo contamos los momentos y los días de la vida en los que hemos sido realmente felices... lo demás, es paja."

Este cuento de Jorge Bucay revela lo que en verdad te proporciona bienestar: convivir con la gente —familia, amigos— que queremos, que nos hacen sentir bien y a quienes hacemos sentir bien. Hacer algo por los demás y vivir apasionadamente. ¿Se te ocurre alguna otra opción? Nuestros afectos tienen un poder curativo impresionante e impactan en nuestro bienestar más de lo que imaginas. Sólo que hay que cultivarlos. Éste es el tema de la tercera parte de este libro: los afectos.

Uno es un número muy solo

Es la medianoche del 28 de julio de 1957. El ruido de todas las muñecas que caen de mi juguetero me despierta. La lámpara colgada en el centro de mi cuarto oscila de un lado al otro. Asustada corro a la recámara de mis papás y al ver que la cama está perfectamente tendida y vacía, experimento por primera vez el vacío de la soledad. La nana que me cuida está igual de asustada que yo. Toda la casa se mueve y mis papás se han ido a una cena. Esa escena del cuarto vacío quedó grabada para siempre en mi memoria.

Tenía entonces cuatro años y a partir de ahí evité volver a sentirme sola. Quizá por eso desarrollé la facilidad para hacer amigas. Hoy día mi trabajo me exige estar mucho tiempo sola, investigando y escribiendo. Lo disfruto. Quizá por la certeza que tengo de que, en mi alma, estoy acompañada por mi familia.

Sin embargo, sé que para muchas personas no es así. Por diferentes circunstancias se sienten solos a pesar de estar acompañados, o en realidad viven en soledad.

¿Una liberación?

Muchos amigos míos están divorciados. Algunos de ellos tienen como primera reacción un sentimiento de liberación: "Es una delicia, ¡puedo cambiarle al canal que yo quiera! Puedo apagar la luz a la hora que me dé la gana. Voy a donde quiera." Sin embargo, poco a poco llega esa sensación de soledad que crece, en especial los domingos por la tarde, y un día desean intensamente tener a alguien con quien amanecer.

Hasta 1969 la soledad sólo se mencionaba en los boleros o en las canciones de los Beatles, pero no en los textos científicos. Fue en 1970 cuando el doctor Robert Weiss, miembro del departamento de psiquiatría de la Universidad de Harvard, empezó a investigarla. En su libro *Loneliness: The Experience of Emotional and Social Isolation*, apunta que aunque hay miles de variantes en las personas que se sienten solas, se pueden dividir en dos grandes categorías: los que padecen de aislamiento emocional, "la respuesta a la ausencia de cercanía, de intimidad, de apego" (quienes viven sin compañero, sin pareja). La segunda es el aislamiento social, que lo explica con una imagen: "Es como el niño que regresa enfermo de la escuela y su vecindario está vacío, no hay con quien jugar", todos están en sus actividades (siente que no tiene a nadie en su vida).

La mayoría no lo acepta

Los colaboradores de Weiss se percataron de que al preguntarles a las personas si se sienten solas, la mayoría no lo acepta. Como resultado, formularon un cuestionario donde nunca aparece la palabra *solo*. Después de los nuevos resultados, aún más reveladores, se dieron cuenta de que: "Nunca adivinarías quiénes son las personas que se sienten solas. Cargan su infelicidad dentro de ellas mismas; sólo muestran ciertas características, son retraídos, tensos, inquietos, poco atentos. Son desconfiados, con baja autoestima y rara vez se atreven a pedir algún tipo de ayuda." Aunque quieren conectarse con otra persona, el miedo a ser rechazados se los impide y crean así un círculo vicioso.

Los estudios concluyen que la soledad te puede enfermar, alterar el sueño, afectar tu desempeño, elevar la presión sanguínea y acortar el tiempo de vida. Sentirte solo no es un asunto momentáneo; es un dolor crónico emocional que afecta a casi 15 por ciento de la población. Esto me recuerda una frase de Joaquín Vargas que con frecuencia recuerdo: "Llórate pobre, pero no te llores solo."

Tu coeficiente de soledad

El doctor Russell, uno de los creadores de la Escala de la Soledad, de la UCLA, ha creado esta medida para determinar tu coeficiente de soledad. Los resultados del *test* son muy similares a los rangos de la escala original (que la reservan sólo para investigación). Contesta cada pregunta usando la siguiente guía:

Nunca =1 Rara vez=2 Algunas veces=3 Siempre=4

1.- ¿Te sientes desafortunado (infeliz) haciendo cosas solo?
2.- ¿Sientes que no tienes a nadie con quién platicar?
3.- ¿Sientes que no toleras estar solo?
4.- ¿Te sientes como si nadie te entendiera?
5.- ¿Te encuentras solo esperando a que la gente te llame o escriba?
6.- ¿Te sientes completamente solo?
7.- ¿Te sientes incapaz de comunicarte con las personas que están a tu alrededor?
8.- ¿Sientes necesidad de compañía?
9.- ¿Sientes que te es difícil hacer amigos?
10.- ¿Te sientes excluido por otros?

Puntuación: suma tus respuestas. El promedio de soledad general es de 20 puntos. Un puntaje de 25 o más refleja altos niveles de soledad; 30 o más indican un nivel muy elevado de soledad y lo mejor es buscar ayuda profesional.

Para evitar la Antártica del alma

Así le llama Weiss al sentimiento de soledad, lo cual me parece muy descriptivo. Aunque éste aparezca por causas externas, más allá del control de la persona —reubicación a una nueva ciudad, pérdida de la pareja, del trabajo, entre otras, puedes hacer algo para remediarlo. Aquí presento algunas propuestas:

- Esforzarse en salir de la casa, sólo para cambiar de aire, es un buen comienzo.
- Procurar establecer comunicación con otras personas: un comentario amable con el dependiente de la tienda puede suavizar lo duro del día.
- Dado que la autoestima de quien se siente solo suele bajar, vale la pena probar cualquier cosa que eleve la autoimagen —un entrenador personal, cambio de peinado, un nuevo atuendo o lentes de contacto morados.
- Involucrarse con alguna causa social. Esto puede ayudar a ver el mundo como un lugar más amable.
- Unirse a alguna asociación o grupo de estudio que tenga un proyecto pero que no sea una actividad pasiva: buscar acciones, tareas de actividad donde los participantes tengan algo que hacer y de qué hablar forzosamente.
- Pedir pequeños favores a algún compañero de trabajo, algo así como que busque alguna información o pida a un vecino la típica taza de azúcar. A través de los encuentros cotidianos es como, eventualmente, la persona puede encontrar esas conexiones que le hacen falta.
- Por último, cuidar el lenguaje corporal y envíar señales positivas. Evitar cruzar los brazos, fruncir el seño o mostrar nerviosismo pues son hábitos que alejan a los demás.

Hay instantes para disfrutar de la soledad y son deliciosos, pero para la vida en general... el uno es un número muy solo, ¿no crees?

No sólo la "gran" relación cuenta

 ¡Qué delicia de fin de semana! El domingo, mientras Pablo tomaba la carretera de regreso a la ciudad, me di cuenta de que me invadía una sensación inexplicable de bienestar. En familia y con amigos, tuvimos la oportunidad, ¡y el lujo!, de salir del concreto, estar en el campo y respirar aire limpio. Platicamos, jugamos, nos reímos, salimos a caminar y gozamos viendo a los niños divertirse. Los problemas que el viernes me acompañaban, pasaron a segundo plano; el festejo con los amigos parece esconderlos, incluso atenuarlos. Me siento bien.

En el camino pienso que si de joven me hubieran preguntado: "¿Qué necesitas en la vida para sentirte realmente bien?", es probable que de inmediato hubieran poblado mi mente los asuntos prácticos y fundamentales: tener salud, un techo seguro, un trabajo que disfrute y me dé para vivir con cierta comodidad y uno que otro lujo. Sin embargo, me percato de que hay un tema que es más relevante de lo que puedes pensar: relacionarte bien con los demás. Y no es sólo la "gran" relación la que cuenta: la persona que está frente a ti, también.

Además, soy consciente de la opresión que siento en el pecho o del pellizco en el estómago cuando estoy molesta o cuando me he portado mal con alguien de alguna manera. Y por más que trato de acallar ese malestar, de ignorarlo, siempre encuentra una salida, ¡hasta en mis sueños! Y aunque no quiera me provoca malestar, desasosiego. O bien, ¿te ha pasado que después de estar con alguna persona te quedas deprimido y exhausto?

Investigo qué hay sobre este tema y me encuentro con la opinión del doctor Michael Roizen: "Aunque por años los científicos desacreditaron el efecto que las relaciones sociales tienen en nuestra salud, diversos estudios han confirmado la importancia de las conexiones sociales sanas para prolongar la vida, reducir el estrés y fortalecer el sistema inmunológico", y añade: "Ser sociable no es frivolidad, es vital para tu salud y tu juventud. Puede hacer que te veas de 2 a 30 años más joven."

Lo cierto es que todo en la vida está conectado con nuestras relaciones: los compañeros, la pareja, los hijos, los amigos, el jefe, la cajera del súper, los maestros... Y la oportunidad de reforzarnos unos a otros o hacernos la vida miserable también está ahí, tanto en una relación a largo plazo, como en pequeños encuentros.

Cómo y con quién te relacionas afecta directamente tu bienestar

En el día a día, la vida se encarga de darnos lecciones a través de los demás. Cada conflicto con el que nos topamos, nos reta a elevar nuestro potencial para ser mejores personas. Y también nos muestra dónde estamos en cuanto a madurez y a desarrollo.

Si con frecuencia te encuentras quejándote y criticando a otros —que tu abogado no te representa bien, que tu pareja es aburrida, que el técnico es un inepto—, sería bueno revisar qué tipo de energía *emanas tú*, que se espejea de regreso. Porque como el agua busca su nivel, nuestra energía se siente a gusto con otra semejante. Gravitamos hacia lo similar.

Todos hemos comprobado que conforme te relacionas mejor, tu sentido de bienestar cambia. Y la persona ideal para comenzar eres tú mismo. Al aceptarte, otros te aceptan. Al quererte, otros te quieren. Todo en la vida se conecta intrínsecamente y cada palabra y acto tuyo altera el momento que sigue.

Así que para sentirte realmente bien no basta tener un techo, comer frutas y verduras todo el día o trabajar en lo que te gusta. Igual de importante es tener muchos amigos, una vida en pareja estable y divertida, involucrarte en actividades altruistas y ser amable con el mundo; en resumen, relacionarte bien es lo que hará no sólo que te mantengas más joven, sino que experimentes el verdadero bienestar de la vida.

Hay que querer, querer

El Parkinson, muy avanzado, ahora le impide hablar a mi papá. Solía decir frases muy sabias que todos, sus amigos y familia, recordamos con cariño: "Hay que crear los buenos ratos, los malos llegan solos." "La suerte y los pendejos nunca andan juntos." "Llórate pobre, pero no te llores solo", la cual ya mencioné, "cobra quien cobra." "Es más fácil crear que mantener." "Hay que ver finales, no principios." "Orden dada y no vigilada, vale para una chingada." "Para querer, hay que querer, querer." Y muchas otras que la falta de espacio me impide transcribir.

Mi papá tenía una gran habilidad, un sentido especial para conocer a las personas, para leerlas y caerles bien, conectarse con ellas de inmediato. Así que un día, en su 50 aniversario de casados, con mucha dificultad alcanzó a formar dos frases que enmudecieron a toda la familia: "Si quieres ser feliz, haz feliz a tu pareja." Y: "Si quieres que te quieran, quiere." Con esto respondía a la pregunta de Macarena: "¿Qué nos aconseja para tener un buen matrimonio?"

El impacto que tuvieron sobre mí estas frases hizo que se quedaran dando vueltas en mi cabeza por mucho tiempo. Me confrontaron y me llevaron a reflexionar cómo cumplía con ellas en mi vida de pareja. Bien vistas, significan un acto de generosidad constante, el detalle, la palabra cariñosa, ceder, el abrazo que provoca sin remedio un círculo virtuoso. Hay que querer, querer. Pero...

Primero TÚ

Lo curioso es que la magia comienza cuando estás enamorado de ti, de tu vida, de tu trabajo. Ese sentimiento es lo que enciende la felicidad con el otro. Cuando amas, eres más amable. Cuando sólo ves tus defectos, ves los del otro y los de la vida misma: "Las cosas no son como las vemos, sino como somos."

Lo increíble es que el mundo es un reflejo de ti mismo. Si tú te gustas, te caes bien, estás en armonía contigo mismo, entonces tiendes a ver un mundo más amable. De no ser así, sucede lo contrario. ¿Cómo pedirles a otros que vean mis cualidades y bondades si no reconozco que las tengo?

Cultivar mi autoestima es una manera de ser más feliz, en todos los sentidos. Muchos buscamos esa dosis necesaria de aceptación en todos lados menos en nuestro interior, y así la carrera nunca termina.

Si esperas a sentirte feliz antes de amarte a ti, a la vida, a tu pareja, a tus hijos, a tu trabajo, creo que esperarás toda la vida. Por ejemplo, trata de odiar a una persona y al mismo tiempo ser feliz. Trata de estar enojado con alguien y sentir paz. Trata de engañar a alguien y sentir seguridad. Trata de culpar al otro y no sentir remordimiento. ¡No puedes!

Lo que haces al otro, te lo haces a ti mismo. Ahora, si amas, demuéstralo, exprésalo, comunícalo. Con frecuencia das por hecho que los otros lo saben. Y es precisamente esto lo que abre la puerta a los problemas.

Querer no es poder

En este asunto de construir la propia estima no se aplica la frase que tanto has escuchado: "Querer es poder." No vas a hacer que funcione sólo por hacerte lavados de cerebro con afirmaciones positivas. Lo que debes buscar es una fuerza motivadora. Romper estructuras, hacer sacrificios, someter la voluntad. Y esto duele, implica dar de ti mismo y terminar con patrones cómodos de conducta. Sin embargo, vale la pena. Una persona con un buen concepto de sí misma puede triunfar donde sea.

Tú eliges...

Para elevar la autoestima necesitas cuidar tu diálogo interno. Hablarte bien, confiar en ti, porque puedes ser tu peor enemigo. Tus palabras son órdenes para el cerebro: piensa que no sirves y no servirás, que el otro es mejor que tú y así será, que no vas a poder y se va a cumplir. De todos los juicios, el más importante es el que haces de ti mismo.

La responsabilidad de la autoestima es una tarea que nunca acaba. Ser como quieres está en tus manos. Ante todo, tu conducta debe ser congruente con tus valores, con lo que piensas, dices y haces.

La llave de la felicidad

Una vez que tienes en cuenta que la magia comienza por aceptarte a ti mismo, ¿por qué no provocar una plática abierta, honesta, en la que hables con tu pareja y se pregunten cómo pueden ser más felices?: "¿Sabes lo que te quiero? ¿Cómo puedo hacerte sentir mejor?", quizá les haga falta reservar más tiempo para estar solos, salir a tomar una copa, platicar, estar juntos. Quizá les haga falta divertirse y reír más. Abrazarse, bailar, propiciar momentos de intimidad. Hay que querer, querer.

Cuando en la pareja las cosas se ponen tensas, difíciles, la solución es acercarse más, nariz con nariz. Entre más te alejas, más fácil es anestesiar las emociones y reprimirlas.

En el libro *Happiness Now*, del doctor Robert Holden, encontré un poema que me gustó mucho y que transcribo para que tú también lo leas: "Si hay amor, la pena respira, las lágrimas sonríen, el dolor es más suave, la culpa pierde su filo, el juicio olvida a quién juzgar, el miedo ya no se asusta, la separación termina."

Recuerda, donde hay amor estás tú. Y mi papá agregaría: "Y tu felicidad también."

$$1 + 1 = 3$$

Seguramente ya lo has sentido un millón de veces. Sin embargo, con frecuencia sucede que no sabes que conoces ciertas cosas, y ésta es una de ellas: uno más uno sólo es dos en matemáticas.

En las relaciones personales, uno más uno son tres. Observa cómo al sostener desde un simple diálogo con alguien que te atiende en un restaurante, con un amigo que saludas de pasada, hasta una relación de pareja: en la interacción, en el trato, se forma un "algo" que flota en el ambiente. Ese "algo" se construye y se percibe a nivel energético: una sensación de hospitalidad o de hostilidad. Cada detalle, cada palabra, cada gesto contribuyen a que se forme una u otra. Es de este extraño fenómeno del que depende que las parejas tengan rupturas o aniversarios, que las amistades perduren o se rompan y que los compañeros de trabajo cooperen entre sí o se declaren la guerra.

La sociedad actual se puede comparar de muchas maneras con la jungla: impera la ley de la supervivencia. Sólo que en la jungla este fenómeno se presenta de forma más evidente. La convivencia entre un animal y otro es más segura y confortable entre mayor sea la distancia que los separa. En cuanto uno de los dos intenta acercarse al territorio ajeno, el otro se siente amenazado y la hostilidad comienza. Hay una incomodidad, una alerta permanente en ambas partes que afecta a los que están alrededor.

Cuando la hospitalidad se rompe...

Los seres humanos no estamos alejados de esa misma reacción. Cuando nuestra identidad, dignidad o seguridad personal se ven amenazadas, invadidas a través de acciones, omisiones o palabras del otro, la hospitalidad del ambiente se desequilibra y surge el conflicto. Cuando no se respeta todo lo anterior no hay una buena convivencia en la familia, se lleva una doble vida, las sonrisas se simulan y los insomnios comienzan. Los hijos perciben esta situación sin necesidad de presenciar pleitos o desencuentros; la respiran en el ambiente. La separación se presenta, entonces, como la vía más aconsejable para preservar el bienestar familiar.

La hospitalidad no es algo sencillo de practicar. En lo cotidiano y con la pareja, hay que crearla en nuestro espacio.

Hay que tejer un arte de trabajo fino, hecho de amor, paciencia, respeto, tolerancia, negociación y admiración por el otro. Todo esto dentro de una "jungla" donde la inercia del tiempo, la rutina, el estrés y los problemas actúan como agravantes. Sin embargo, el esfuerzo vale la pena; todos los miembros que cohabitan en el mismo espacio salen beneficiados.

El conflicto como parte de la vida

Si hay hostilidad, hay conflicto. De eso no nos cabe ni la menor duda. Sin embargo, a veces es necesario experimentarlo. Si lo analizas bien, toda relación estrecha tiene conflictos, y así como estos son parte de la vida, también lo son los sentimientos de dolor, frustración, resentimiento y desilusión. A pesar de ser algo frecuente, el conflicto inspira temor.

Le tememos porque hemos sido condicionados a creer que no estar de acuerdo, discutir o pelear es malo, nos separa de otras personas y puede dañar las relaciones. Si lo tomas como algo que hay que resolver en pareja, a través de la expresión y del buen contacto, el conflicto no sólo no es malo, sino que es algo muy sano. Lo que se puede cambiar es la manera de enfrentarlo. ¡Ojo!, porque existen conflictos de diferentes clases:

- Los funcionales: son los que te hacen crecer, te impulsan hacia la actividad, producen un cambio, aclaran tus ideas, sentimientos, carácter y objetivos.

- Los disfuncionales: son los que almacenan energía, son fuente de violencia y originan frustración, ansiedad, opresión y preocupación.

¿Qué origina la hostilidad y el conflicto?

- La falta de una buena comunicación, el intento de controlar, ordenar, moralizar, juzgar, criticar la vida del otro.
- Las diferentes necesidades, sentimientos y emociones entre ambas partes.
- La diferencia de valores, personalidades, caracteres o educación.
- El rebelarse y reprimir el conflicto sin hablarlo.
- Convertir los conflictos por cosas materiales, en conflictos personales.
- El monólogo, cuando la persona se escucha más a sí misma que al otro, habla, habla y habla...
- Dramatizar situaciones, verlas con lentes de aumento y perder la serenidad.
- La actitud de: "Yo tengo que ganar todo", y olvidar el respeto.

Para regresar a la hospitalidad es necesario:

- Escuchar, ponerse en los zapatos del otro para conocer qué es lo que siente y piensa.
- Animarse a correr riesgos para encontrar la solución, probar nuevas formas de relacionarse. Buscar tiempo en pareja.

- Autoafirmarse, averiguar qué es lo que realmente quiero y cómo me siento.
- Expresar los sentimientos sin agredir, gritar o faltar al respeto.
- Comprometerse a cambiar y asumir la responsabilidad.

Si vives en pareja, sería muy conveniente que en cada aniversario que celebren reconozcan el esfuerzo que ambos han hecho cotidianamente por hacer de su relación y de su vida algo mejor. ¿Cuántas veces tu pareja ha hecho algo a lo que no otorgas importancia? Recuerda los esfuerzos, los desvelos, las conversaciones en las que él o ella te demuestran su comprensión y apoyo. Dale importancia también a los pequeños detalles y tu corazón se llenará de hospitalidad. Recuerda que ésta no surge sola, sino que deriva de actuar con inteligencia, ganas y mucho amor.

Tres ideas nuevas para que tu relación de pareja funcione

¿Qué tanto te alegras cuando tu pareja te comparte una buena noticia de su trabajo, por ejemplo una promoción, un aumento de sueldo o un reconocimiento que recibió? ¿Cómo respondes? ¿Qué le comentas? ¿Sonríes vagamente y dices: "Qué bueno", y regresas a leer el periódico? Parecería que este tipo de situaciones nada tiene que ver con una buena relación de pareja; sin embargo, estudios recientes revelan que son más importantes de lo que piensas. Por eso, a continuación te presento tres ideas nuevas para que tu relación de pareja funcione.

Celebra

Es más importante la manera en que respondes a una buena noticia que a las dificultades. Las parejas que celebran los momentos de alegría como promociones y aumentos, reportan mayor satisfacción en su relación. Asimismo, tienen menos probabilidad de separarse que aquellas que solamente se apoyan durante tiempos difíciles, comenta la doctora Shelly L. Gable, profesora de psicología en la Universidad de California. Gable y sus investigadores grabaron en video a 79 parejas mientras hablaban sobre algunas experiencias negativas y positivas de su vida. Después, categorizaron las respuestas en cuatro apartados:

- Activa-destructiva, expresada con frases como: "¿Estás seguro de que puedes manejar bien ese trabajo?" "¿Estas segura de que fuiste a quien escogieron? Qué raro..."
- Pasiva-destructiva, demostrada con actitudes como guardar silencio y cambiar de tema.
- Pasiva-constructiva, equivalente a decir con mente distraída: "Qué bueno..."
- Activa-constructiva, la más efectiva para una buena relación, expresada con frases del tipo: "¡Qué orgullosa me siento de ti!" o: "¡Sé lo importante que esto es para tu carrera! Estoy segura de que lo harás como el mejor."

"Cuando iniciamos la investigación, asumimos que el apoyo pasivo sería bueno, no tan favorable como la respuesta activa-constructiva, pero ciertamente no tan malo", comenta. Sin embargo, una y otra vez, el equipo de Gable vio que las respuestas pasivas afectan negativamente el nivel de satisfacción en una relación.

Así que cuando tu pareja entre emocionada por la puerta anunciando una buena noticia: "Haz el esfuerzo de darle la importancia debida y celébralo de alguna manera", dice Gable. Una pareja puede darse cuenta de la falsedad del entusiasmo, así que si no eres capaz de tener una reacción genuina, puedes preguntarle por qué está tan contenta o por qué es tan importante aquella noticia. "Esto le ayuda", continúa la doctora, "porque le das retroalimentación positiva; y te ayuda a ti, porque aprendes más sobre lo que le hace vibrar. No se trata de celebrar cada acontecimiento con grandes fiestas; una simple y sincera expresión de admiración es suficiente. Lo que importa es el hecho".

Se necesita ser fuerte para decir: "Te necesito"

Qué cierto es que nunca te enojas por lo que crees. Por ejemplo, si sientes que tu pareja pasa demasiado tiempo en el trabajo, es probable que le reclames así: "Es que siempre llegas tarde, nunca estás conmigo." Lo cual enciende el botón rojo del otro y es fácil que el reproche escale a pleito. Sin embargo, el doctor John Gottman, fundador, con su esposa Julie, del Instituto Gottman, encontró que lejos de ayudar, estas exigencias alejan a la pareja. Mejor sería decir algo así: "¿Sabes?, me siento un poco solo durante el día, necesito pasar más tiempo contigo."

"A muchas personas les cuesta trabajo reconocer que necesitan algo del otro, les apena sentirse vulnerables", dice Gottman. "Nuestra cultura nos ha enseñado que tener una necesidad es ser débil, pero en realidad es una gran fortaleza saber qué es lo que necesitas y pedirlo." Cuando alguien te ataca con un: "Tú nunca...", o: "Eres un tal por cual...", no puedes escuchar. Es preferible iniciar la plática con lo que Gottman llama *un comienzo suave*, que implica decirle a tu pareja lo que necesitas y darle una opción para salir airosa.

Por otro lado, te sugiero usar en el diálogo la palabra "yo": "Yo me siento triste cuando..." En lugar del diálogo que culpa diciendo "tú": "Tú nunca..." Esto es garantía de que habrá una mejor comunicación.

Pregúntate tres cosas básicas

No esperes a que tu relación sea un desastre para actuar, pedir ayuda o acudir con un terapeuta. El consejero matrimonial e investigador doctor James V. Córdova, profesor asociado de psicología de la Clark University, en Worcester, Massachusetts, ofrece una estadística descorazonadora: 50 por ciento de las parejas que terminan una terapia marital mejoran y se mantienen así en su relación, pero la otra mitad no mejora, incluso puede empeorar. El problema, dice Córdova, es que las parejas buscan ayuda cuando la relación ya terminó. Una manera de tomar la temperatura de tu relación es hacerte tres preguntas que Córdova aconseja: 1. "¿Mi pareja se siente cómoda al mostrarse emocionalmente vulnerable conmigo?"; 2. ¿"Mi pareja se siente aceptada?"; y, 3. "Cuando siento que la vida y los problemas me rebasan, ¿puedo acudir a mi pareja sin sentirme juzgado?" La respuesta negativa a una sola de las preguntas puede ser señal de una relación estresada. Córdova también aconseja a las parejas evitar una conducta muy tóxica: retraerse. "Hablen aunque estén confundidos, perdidos o frustrados", hablar siempre será lo mejor.

Abraza, abraza, abraza...

 ¡Qué gozoso, sano y útil puede ser un abrazo! Hay ocasiones en las que no encuentras palabras para decir lo que sientes; en otras, quizá te parecen insuficientes o huecas. También hay situaciones en las que encontramos las palabras adecuadas; sin embargo, nos resulta muy difícil pronunciarlas en voz alta, sobre todo si somos tímidos o si los sentimientos nos abruman.

Con un abrazo nos comunicamos en el plano más profundo y, al mismo tiempo, convierte el "yo" en un "nosotros". Con el abrazo puedes expresar ¡mil cosas! Te conectas con el otro de una manera especial y diferente.

Los abrazos tienen un idioma propio y, aunque no existe una traducción verbal de lo que son capaces de comunicar, con ellos puedes decir cosas como: "Perdón", "gracias", "cuenta conmigo en cualquier momento" "comprendo por lo que estás pasando", "comparto tu alegría", "te aprecio mucho".

Bailar abrazado de quien amas, al ritmo de una melodía que toca las fibras más internas, bien puede compararse con alcanzar, por instantes, el cielo.

Decir en voz alta una frase amable y acompañarla con un abrazo, es como ponerle signos de admiración.

Abrazar a otro te da vitalidad. Es maravilloso cuando transmites energía con un abrazo porque tu propia fuerza aumenta.

Un abrazo vale más que mil palabras

"Cuando dos cuerpos se acercan, el alma habla", dice Cecile Katchadourian, en su libro *El abrazo que transforma el amor de la pareja*. Cuando abrazas a otro, abrazas su esencia y, al hacerlo, entras en sintonía con el universo.

Me encanta la idea de Kathleen Keating, creadora del "abrazo-terapia" y autora de la serie de libros *Abrázame*. Kathleen sostiene que cualquiera que sea la edad o la posición en la vida, todos necesitan sentirse seguros.

Hace poco fui con mi familia a visitar el pueblo de Tepoztlán y en la tarde salí con mi nieto Pablito a dar una vuelta a la plaza. Mientras nos dirigíamos a ella, de pronto sentí que el corazón se me detenía al escuchar el retumbar de un cohetón en el cielo que sonó tan fuerte como una bomba. Pablito, de tres años, lo único que me dijo con voz temblorosa fue: "¿Me abrazas?", por supuesto que lo envolví con los brazos, tan fuerte como pude.

Entonces entendí que no importa si eres niño o adulto: cuando te dan miedo los desafíos de la vida, el abrazo de un ser querido puede otorgarte toda la confianza que requieres. Con él, puedes decirle al otro: "En mis brazos hay un lugar donde puedes sentirte seguro." Esto es lo que Pablito necesitaba sentir. Así como un niño cuando tiene pesadillas, un hijo antes del examen, el esposo antes de una junta crucial o la esposa antes de subir al escenario para dar una plática. Este tipo de seguridad no puede ser reemplazada con palabras.

Todo lo que un abrazo te da

Todos necesitamos sentirnos protegidos, pero sobre todo lo necesitan aquellos que dependen del amor y de la buena voluntad de quienes los rodean. Por ejemplo, está comprobado que los bebés prematuros, aislados en la incubadora, se fortalecen y mejoran su desarrollo gracias al cariño que reciben de las manos de sus padres. Lo mismo ocurre cuando abrazas a un anciano que camina con inseguridad o que ensaya sus pasos, por primera vez, tras recobrarse de una caída.

De la misma manera, estrechar a un niño estimula el desarrollo de su coeficiente intelectual, eleva su autoestima y aquieta los miedos. En los adultos, retarda el envejecimiento, alivia las tensiones y aleja el sentimiento de soledad. También se ha observado que cuando los pacientes terminales sienten esta demostración afectuosa, crece en ellos la voluntad de vivir.

Estoy segura de que tú, al igual que yo, también has sentido la delicia de un abrazo de corazón. Verdaderamente reconforta el alma...

Tipos de abrazo

• **Abrazo del oso.** Es muy apretado y envuelve al otro por completo. Puede durar entre cinco y 10 segundos, o más, con el riesgo de que el abrazado *se asfixie*. Con este abrazo transmites señales como: "Te adoro", "cuenta conmigo para lo que sea", "comparto tu dolor o tu alegría", "significas todo para mí". Se da entre padres e hijos, abuelos y nietos, enamorados o dos viejos amigos. Deja una sensación de solidaridad, calidez y seguridad.

• **Abrazo de cachete.** Éste es para saludar a un amigo con ternura, con bondad sincera. Ambos oprimen sus mejillas mientras se pasa una mano por detrás de la espalda o la nuca del otro. Tiene un carácter espiritual y con él le expresas a tus amigos un: "Te aprecio mucho", o bien: "Lo siento mucho", ante una pérdida.

• **Abrazo impetuoso.** Es un apretón efusivo, breve y fugaz. Se utiliza para desearle suerte a alguien antes de presentar un examen, un concurso o cuando va a dar una ponencia. También sirve para despedirse, con prisa, de alguien que te es muy familiar.

• **Abrazo de lado.** Se da entre dos personas que caminan juntas. Es muestra de gran empatía, compenetración y compañerismo. Sólo caminas abrazado de esta manera de las personas con las que no se interponen barreras de ninguna especie. Se ve mucho entre los niños y los jóvenes y lo hacen para demostrar quién es su "mejor amig@". Las parejas lo usan con frecuencia mientras hacen la fila para entrar al cine o cuando están dando un paseo romántico por la playa.

• **Abrazo por la espalda.** Es un gesto breve y juguetón que sólo se hace con los seres a los que se les tiene mucha confianza. Se lo das a alguien que se encuentra de espaldas a ti, ya sea trabajando frente a un restirador o preparando la cena. Si lo sostienes por unos instantes transmites una sensación de profunda paz, felicidad y conexión. Con frecuencia, para quien lo recibe, es una grata e inesperada sorpresa.

• **Abrazo de "muégano".** Éste es un abrazo que se establece entre tres o más personas. Puede darse entre buenos amigos que comparten un proyecto, una pareja que desea consolar a alguien o una familia que se estrecha para celebrar algo. Es muy útil para transmitir apoyo a quien pasa por un periodo difícil. Todos rodean con los brazos la cintura de los otros, por atrás. Mientras los cuerpos se tocan cómodamente, se comparte un momento mágico.

• **Abrazo de corazón.** Pleno, largo, afectuoso y tierno. Es la forma más elevada del abrazo. Se establece un contacto físico total, es firme pero suave y se puede sentir cómo el amor y la ternura fluyen de un corazón a otro. Es abierto, genuino, fuerte y solidario. Se da entre dos viejos amigos con experiencias compartidas, entre dos enamorados y entre padres e hijos.

La delicia de sentir que perteneces...

¡Qué contradictorio! En un mundo sobrepoblado, desafortunadamente hay mucha gente que se siente sola. Hay niños, adultos y ancianos que darían cualquier cosa por recibir esta maravillosa muestra de afecto. ¡Qué bien se siente cuando perteneces a un grupo con un ideal común! Puede ser la familia, un proyecto, un deporte, un negocio o un círculo de buenos amigos. Por eso es importante procurarlos y frecuentarlos. Cuando te das un abrazo de "muégano", dices: "Tu individualidad y mi individualidad agregan algo inigualable y maravilloso a este equipo del que formamos parte." Un abrazo grupal puede ser la mejor de las expresiones de valoración personal y de pertenencia.

Para sentirme pleno...

¿Sabes cuál es la base para que logres sentirte pleno, satisfecho contigo mismo? La respuesta es muy sencilla: reconocer que tienes un valor como persona. ¡Así es! Esto lo vas desarrollando desde el momento de nacer, gracias a los mensajes que otros te transmiten respecto a ti mismo. Sin embargo, como adulto tienes la responsabilidad de continuar con ese proceso de afirmación y aceptación. Mediante los abrazos, valoras a los demás y recibes el valor que ellos perciben de ti.

De acuerdo con Keating, se necesitan cuatro abrazos al día para sobrevivir, ocho abrazos al día para mantenerte y 12 abrazos al día para crecer. Así que, querido lector, si tienes hijos, abrázalos en la mañana, al llegar del colegio, a media tarde, antes de acostarse y, una vez acostados, vuélvelos a abrazar para que duerman con esa deliciosa sensación de sentirse amados. Recuerda siempre que el abrazo acerca y une, alimenta los sentimientos, disminuye la tensión y da una gran seguridad. Además, el beneficio es mutuo.

Te invito a preguntarte lo siguiente: ¿a quién he abrazado en las últimas 24 horas?

Un reto que cambiará tu vida

 Te propongo un reto de 21 días. Se trata de algo que, de lograrlo, elevará tu calidad de vida. Tendrás mejor salud, ánimo, autoestima y relaciones más satisfactorias y, por tanto, menos enfermedades, dolores y quejas: serás una persona más feliz y serena.

No, no consiste en ejercicio, una dieta o dejar de fumar. Tampoco se trata de una promesa barata. En verdad, créeme que si alcanzas el objetivo, tu vida cambiará. Seis millones de personas en el mundo ya lo han logrado, aunque suene a frase de "infomercial".

Es un plan muy simple creado por la organización llamada A Complain Free World, fundada por el pastor Will Bowen, quien en el sermón matutino de un domingo invitó a su congregación a iniciar este reto de tres semanas. Es algo muy simple: no quejarse, no criticar y no contar chismes de nadie. ¿Te imaginas?

Para probar que hablaba en serio, Bowen les repartió a todos una pulsera morada para que, en el momento en que se sorprendieran en la queja, en la crítica o en el chisme, se cambiaran la pulsera de muñeca —para hacerlo consciente— e iniciaran otra vez el conteo. Varias de las personas que participaban en el reto, y que decían no quejarse mucho, se dieron cuenta de que lo hacían un promedio de ¡20 veces al día! Contaminación auditiva pura.

¡Una epidemia nos invade!

Quejarse se ha convertido en una epidemia. ¿Has notado que cuando te quejas del clima, de la seguridad, de tu cuerpo, de la gripa, de que el dinero ya no alcanza, lo único que logras es sentirte peor? Si al menos sirviera para solucionar algo... pero sucede todo lo contrario. Significa enfocar la atención y la energía en las cosas que no quieres, y no en las que sí quieres.

¿Por qué 21 días? Porque así como un huevo de gallina tarda 21 días en formarse, también se requiere lo mismo para adquirir una nueva conducta o un hábito en el ser humano.

"¿Y si pienso la crítica pero no la digo, cuenta?" No, gracias a Dios, no cuenta. Sólo si sale de tu linda boquita. Quienes lo han logrado reconocen que no es fácil, sin embargo comentan que después de las tres semanas o más que necesitaron, dejaron incluso de criticar con la mente... ¿Será cierto? La clave es no darte por vencido.

Si alguien me hubiera preguntado: "¿Eres una persona que te quejas, criticas o juzgas con frecuencia?", de inmediato hubiera respondido: "¿Yo? No, ¡para nada!" Sí, cómo no... Me bastó intentarlo durante una semana para darme cuenta de que es todo lo contrario. La respuesta correcta sería: "Sí, soy una persona que me quejo, critico y juzgo, y *no me doy cuenta de la frecuencia con la que hago esto.*"

¿Por qué nos quejamos?

Nos quejamos por la misma razón por la que hacemos cualquier cosa: recibimos un beneficio a cambio. Crees conseguir atención, justificación, aprobación o la simpatía del otro. Como cuando de pequeño te hacías el enfermo para no ir al colegio el día del examen (que, por cierto, la salud es un tema taquillero en la lista de quejas). Pero, ¿a qué costo? Los doctores estiman que dos terceras partes de las enfermedades se generan, ¡en la mente!

Ten en cuenta que cuando te decides a aprender algo nuevo como patinar, pintar, meditar, montar a caballo o lo que sea, al ver a los expertos sueles pensar: "Está fácil...", y te lanzas. Después te das cuenta que tiene sus dificiltades, pero mientras, ya te decidiste.

Asimismo, para lograr una meta es importante hacer el compromiso con alguien, así que en el momento en que escribo esto comienza mi reto y me comprometo contigo, querido lector, a lograrlo. Si quieres enviarme el tuyo, bienvenido. Intentemos hacer de este mundo, algo mejor.

Vas a pasar por cuatro etapas

De acuerdo con los estudios, quienes se han propuesto cumplir con este reto de 21 días —o 504 horas—, sin quejas, críticas ni chismes, van a pasar por cuatro etapas, que son las mismas que se atraviesan para dominar cualquier aprendizaje:

• **Incompetencia inconsciente.** En esta etapa no te das cuenta de cuánto te quejas. Aquí comenzamos todos. Lo único que necesitas es querer hacerlo. Lo chistoso es que nadie se considera una persona negativa. Las quejas pueden compararse con el mal aliento: lo notas sólo cuando alguien más lo tiene. Cabe aclarar que si un mesero te trae la sopa fría y con amabilidad se lo haces notar, no es queja; es externar una realidad que quieres cambiar. Pero si digo: "¡Oiga, es el colmo que en un lugar como éste sirvan la sopa fría!", es una queja destructiva.

• **Incompetencia consciente.** ¿Te acuerdas del hormigueo en un brazo o en una pierna cuando despiertas de una siesta en la que te dormiste en mala postura? Es incómodo y hasta doloroso, ¿no? Igual te sientes cuando te percatas de lo negativo que puedes ser. Sólo hay que mantenerte en la raya. Según la experiencia de quienes lo han logrado, en esta etapa muchas personas se dan por vencidas y olvidan el reto. En palabras de Churchill: "El éxito se logra al ir de caída en caída sin perder el entusiasmo."

• **Competencia consciente.** En esta etapa empiezas a ser muy consciente de todo lo que dices. Ya empiezas a hablar en términos más positivos; piensas bien las palabras que vas a pronunciar antes de abrir la boca, lo cual es un enorme avance. Quejarse es un hábito, así que hacer una pausa y respirar hondo te da la oportunidad de escoger las palabras con más cuidado. Empiezas a poner en práctica aquello de: "Si no puedes decir nada bueno, mejor cállate".

• **Competencia inconsciente.** En este punto se supone que encontrarás que la fábrica en la mente ya no produce la cantidad de pensamientos negativos que solía. Al no exteriorizarlos, el pozo se seca. Al cambiar las palabras le has dado nueva forma a tu manera de pensar. Ahora ya no te das cuenta de ello, ya eres una persona diferente. Más contenta y, por consiguiente, también los que te rodean.

Empieza hoy

Te invito a que empecemos ahora y cambiemos lo que decimos. Deja de quejarte, de criticar y de propagar chismes, que lo único que hacen es dañar a otros y a ti mismo. Modifica lo que piensas para no atraer más de lo que no quieres.

No necesitamos tener una pulsera, cualquier objeto es bueno: el reloj, poner una piedrita o una moneda en la bolsa del pantalón, cambiar un pisapapeles de lugar, lo que sea... lo que importa es darnos cuenta. Nuestras actitudes y nuestras palabras sólo reflejan lo que pensamos y revelan quiénes somos en verdad. Así que, ¿qué vida quieres?

Vale la pena intentarlo y no claudicar, aunque nos pasemos toda la vida cambiándonos el reloj de muñeca.

¿Me perdonas...? Ni cómodo, ni fácil

"¡Es que no puedo, Gaby!", me dice Diego, mi nieto de 7 años, cuando lo obligo a que le pida perdón a su hermanito de 5, por haberle pegado. Fue tanta la honestidad de su respuesta que la verdad me dio risa y me vi reflejada en un sinnúmero de ocasiones. "¿Me perdonas?", estas palabritas, a cualquier edad, salen con dificultad. El ego te impide percatarte de lo bien que te vas a sentir después (y el otro también).

Lo paradójico es que cuando tenemos un rencor, un enojo o un resentimiento con alguien, solemos pensar que la forma de desquitarnos es dejarle de hablar, ignorarlo y lo peor es que la persona que nos ofendió ¡ni se entera de nuestro coraje! Así que somos los únicos que recibimos el daño.

Hay familias en las que por alguna situación, casi siempre de índole material, se dejan de hablar por siempre. Como el viejo aquel que en su lecho de muerte manda llamar a su hermano con el que no se habla para abrazarlo y saldar esa cuenta pendiente antes de partir. ¡Cuánto tiempo desperdiciado! La vida es muy corta. Pensar todo lo que estos hermanos pudieron haberse disfrutado el uno al otro...

Todos hacemos cosas que lastiman o molestan a otros. Y si nos falta el valor para decir: "Perdón, la regué", las pequeñas ofensas con el tiempo acumulan tal peso que hunden cualquier relación. Y entre más te tardas, ¡más difícil es decirlo! Ahora, hay que saber hacerlo bien, porque un "discúlpame" a tiempo puede restablecer la buena voluntad, aun cuando el pecado haya sido grave. En cambio, una disculpa mal pedida puede hacer más daño que la ofensa original.

¿Cuándo ofrecer una disculpa?

Ojo: cuando sientes culpa, el ego siempre se las arreglará para protegerte y te dirá cosas como: "Mejor espérate a que se calmen las cosas; échale la culpa a otros; dile una pequeña mentira o justifica tus acciones." Y el impulso a obedecerlo es ¡enorme! Y, ¿sabes cuándo es adecuado decir "perdón"? Exactamente en el momento en que te das cuenta de que hiciste algo malo y la disculpa se te atora.

¿Cómo hacerlo?

Decir "la regué" nunca ha sido ni cómodo ni fácil. El doctor Aaron Lazare, psiquiatra de University of Massachusetts Medical School, ha pasado años estudiando los actos de contrición en todos los contextos —interpersonal y otros ámbitos— en los que las personas se mueven. Él ha encontrado que, para que una disculpa sea efectiva, necesita tener los siguientes cuatro elementos: completo reconocimiento de la ofensa, explicación, expresiones genuinas de arrepentimiento y reparación del daño.

> • **Sí, te ofendí...** No reconocer la ofensa es el error más común que cometemos. Si te llegó el momento de *tragar gordo*, más vale que lo hagas bien. Comienza con valor por describir lo que hiciste mal, sin saltarte la peor de las verdades. Acepta tu responsabilidad: aun cuando al hacerlo no se enderecen las cosas, al menos te garantizo que evitará que se pongan peor.

• **Lo hice porque...** Ya que confesaste tus errores, ahora di por qué lo hiciste. Una explicación honesta es lo mejor que puedes hacer. En esta etapa cuida de no cruzar la línea entre dar una explicación y hacerte la víctima. Recuerda esto: "Explicación bien, excusas mal."

• **Me siento muy mal...** "Si la víctima no percibe que el otro está arrepentido", dice Lazare, "la disculpa carecerá de valor". Cualquiera que haya escuchado: "Qué pena que te hayas sentido así", reconoce la diferencia entre un arrepentimiento sincero y cuando el otro intenta evadir su responsabilidad, lo cual provoca más coraje en el ofendido. Disculpa efectiva: "Perdóname porque te ofendí." Disculpa no efectiva: "Perdón porque sentiste que te ofendí."

• **¿Qué puedo hacer para reparar el daño?** Evita decir: "Está bien, ya te pedí perdón. ¿Qué más quieres que haga?", solemos decir esto cuando ya queremos que el ofendido se olvide y pase a otra cosa, como si se tratara de un apagador de luz. Una disculpa no sólo requiere de palabras, sino de pagar la cuenta del rayón que le hiciste al coche del vecino.

A veces no hay nada tangible que reparar. ¿Cómo le haces con el corazón o con una relación? Repara su dignidad. Escúchalo, hazlo sentir que lo valoras, que entiendes su punto de vista y abrázalo. Eso tiene un gran poder sanador.

El perdón es una respuesta ante la vida, un acto de voluntad que te ayuda a curar, sanar, limpiar y cerrar viejas heridas, al "soltar" los sentimientos causados por la ofensa.

Lo que no es perdonar

- Perdonar no es justificar un comportamiento negativo. Tampoco quiere decir que apruebes o defiendas una conducta que te hizo daño.
- Perdonar no es hacer como que todo va bien cuando sientes que no es así. A veces puede ser confusa y engañosa la distinción entre perdonar de verdad y negar o reprimir el enojo y el dolor. De hecho, no puedes perdonar verdaderamente si niegas o ignoras ese resentimiento.
- Perdonar no es adoptar una actitud de superioridad. Si perdonas a alguien porque le tienes lástima, tal vez confundas perdonar con ser soberbio. Tampoco significa que debes cambiar de comportamiento con alguien.
- Perdonar no exige que te comuniques directamente con la persona que has perdonado. No es preciso decirle: "Te perdono", aunque esto puede ser importante en el proceso de perdonar.

A veces sólo requiere de una percepción distinta, que veas las cosas bajo otro lente. De que consideres desde otro punto de vista a las personas y a las circunstancias que te han causado dolor.

Es probable que con la actitud la otra persona advierta el cambio que hay en tu corazón. Una sonrisa franca y abierta al saludarla o preguntarle algo cariñosamente podrían ser buenas formas de acercamiento. ¡Qué bien te sientes cuando logras vencer el orgullo y perdonas!

A veces perdonar puede quedar como una opción secreta. Tal vez te resulte prácticamente imposible comunicarte con aquellas personas con las que has sentido más furia. Quizá hayan muerto o no estén dispuestas a hablar contigo.

Sin lugar a dudas, el perdón más difícil es hacia ti mismo. ¡Cuántas veces llevas las culpas, los errores, como una pesada carga que te limita y te aprisiona!

Los beneficios de perdonar

Cuando perdonas te quitas un gran peso de encima, te sientes más ligero, más libre y, sobre todo, en paz contigo mismo.

Perdonar es como reparar algo que estaba roto. Te da la posibilidad de comenzar de nuevo. Te lleva a los sentimientos de bondad y a sentirte digno de amor. Al perdonar experimentas paz, bienestar y una sensación de estar haciendo lo correcto.

Victor Frankl sostenía, palabras más, palabras menos, que el perdón es una forma de vida que te convierte gradualmente, de víctima de las circunstancias, a poderoso y amoroso creador de realidad. Y, bueno, si lo piensas bien, yo creo que siempre preferirás ser poderoso a ser una víctima.

No dejes que esa araña negra que es el rencor crezca dentro de ti y te aprisione en su telaraña. Controla tu mente, para no fomentar su crecimiento. Está en ti tomar la decisión. Una disculpa efectiva, de acuerdo con Lazare, es: "Un acto de honestidad, un acto de humildad, un acto de compromiso, un acto de generosidad y un acto de valor."

Para terminar, ¿por qué no reflexionas y te armas de valor para acercarte a aquella persona que ofendiste o te ofendió, y de corazón le das un abrazo acompañado de un "aquí no pasó nada"? Encontrarás que, en verdad, valió la pena.

Gracias a ti, soy quien soy...

 "Una de las mejores cosas que podemos hacer para elevar la felicidad, es reconocer y agradecer a quienes nos rodean", dice Judith W. Umlas, autora de *The Power of Acknowledgment*. Porque no llegamos a este mundo simplemente materializándonos. Hubo alguien que nos concibió, nos educó, nos prestó su atención y compañía... Si hicieras la lista de personas que han compartido algo contigo, si trataras de hacer esa lista de pequeñas "deudas"... ¡no terminarías nunca!

Por lo general, sólo te detienes a reflexionar en ello cuando estas personas ya no están: "Cómo no le dije que...", y aquí puedes llenar la frase con un sinnúmero de cosas que se quedan atoradas, sin salir del corazón. Lleno de culpa, te percatas de que ya es tarde para rendir un tributo, para decir gracias. Gracias por lo que hiciste, lo que me enseñaste, lo que me dejaste... en fin.

Dice André Compte-Sponville, en su *Pequeño Tratado de las Grandes Virtudes*: "...nadie es causa de sí mismo ni, por tanto (en última instancia), de su alegría. Todo es una cadena de causas, y todo nos toca y nos atraviesa." Sin embargo, hay quienes en la vida te tocan más, para bien y para siempre.

A veces los seres humanos, por alguna extraña razón, damos escasas muestras de reconocimiento y gratitud a quienes contribuyeron a moldear lo que hoy somos.

Por eso te invito a que pienses un momento: ¿quién en tu vida te ayudó a ser quien eres? ¿Quién te forjó? ¿Quién te exigió sacar lo mejor de ti? Luego, tómate el tiempo para agradecérselo a esa o a esas personas. Si puedes, hazlo de manera personal; si no, escribe una carta en la cual digas: "Gracias a ti, soy quien soy..." La persona se va a sentir feliz, y tú... ¡mejor!

Lo mejor de la vida **es gratis**

A manera de conclusión, como puedes ver, lo mejor de la vida es gratis. Puedes hacer mucho más satisfactoria tu vida si simplemente, además de cuidar tu cuerpo y tu mente, atiendes detalles como los siguientes: dale tiempo a tus afectos —familia y amigos—, haz feliz a tu pareja, abraza mucho, habla bien de los demás, saborea las alegrías de la vida, agradece a un mentor que te ha guiado en algún momento decisivo de tu vida, aprende a perdonar y, el último paso, encuentra tiempo para cultivar tu interior.

ATIENDE LO REALMENTE IMPORTANTE:
tu interior

Más que buscar el éxito...
busca hacer de tu vida un éxito

Una gran inquietud y cuatro meses de insomnio me tenían abatida. Tenía dentro de mí una energía reprimida tan grande, que yo la sentía como si fuera la de un toro antes de salir al ruedo. Tenía 24 años y tres hijos: dos en el kínder, un bebé en la cuna durmiendo gran parte del día, la comida en la estufa y la casa lista. El deseo por salir al mundo exterior me quemaba y me hacía sentir que las horas libres eran tiempo desperdiciado. Por seis años decidí quedarme en casa a cuidar a mis hijos y me sentía feliz; sin embargo, vivía una lucha interna con lo que quería ser. Experimentaba una sensación de que "algo" me faltaba para estar completamente feliz. No tener una carrera universitaria complicaba las cosas. Sin embargo, con el apoyo incondicional de Pablo, mi esposo, un día comencé a trabajar.

A partir de que encontré la forma de enfocar mi energía, convertí mi carrera en un reto para lograr, para demostrar y, sobre todo, para conseguir mi propio respeto. Todo marchaba viento en popa. El éxito parecía ser la respuesta y la salvación. Así que me dediqué a conseguirlo. Durante mis 20, 30 y parte de mis 40 años estaba tan ocupada que no tenía tiempo de voltear a verme.

La idea de tener actividades de trabajo la mayor parte del día, de vestir como mujer ejecutiva, de ver el reloj constantemente por estar llena de cosas, me hacía sentirme muy bien. Supuestamente sólo trabajaba durante las mañanas y aunque intenté tener un balance entre mi familia, mi casa y el trabajo, no siempre lo conseguí. El gusto por lo que hacía y la urgencia por lograr un espacio propio y un reconocimiento funcionaban como adrenalina, y sucedió lo inevitable: me convertí en trabajo-adicta y ya no valoraba cada logro obtenido, sino que sólo me enfocaba en conquistar el siguiente.

La conciencia empezó a hacer ruido

Sin embargo, estar todo el tiempo ocupado es como dar un Valium a las emociones, no las sientes y no notas tu crítica interna porque estás centrado en "hacer", en "lograr". Así que después de trabajar muchos años, de viajar por toda la República impartiendo conferencias, la conciencia empezó a hacer ruido. Empecé a preguntarme: "¿Qué es lo que realmente quiero?,

¿hacia dónde voy?" Pablo, mi esposo y psicólogo de cabecera, como siempre, me escucha. Me di cuenta de que estaba viviendo con los hombros contraídos de estrés y de acuerdo con la máscara que construí a lo largo de los años; tanto así que ya no sabía con certeza quién era en realidad y lo peor es que mis relaciones con los demás se establecían a partir de ese disfraz y, por tanto, eran superficiales.

Un día llegó a mis manos el libro *It's All in Your Head,* escrito por Stephen M. Polland, en el que leí un párrafo que me pareció una revelación. Sentí que en ese momento se me quitaba una venda de los ojos: "Ser feliz, llevar una vida en la que te sientas pleno en lo emocional, psicológico y espiritual, significa darte cuenta de que es imposible tenerlo todo. Seguro puedes intentarlo, pero no sólo serás infeliz, sino que es probable que termines con migraña por golpear tu cabeza contra la pared. El contentamiento llega cuando estableces prioridades y juegas, lo mejor posible, la mano de cartas que te tocó. La felicidad viene de una vida redondeada, en balance y completa."

Esto, más la crisis de los 40 —de la que, por cierto, nadie se salva— me orilló a iniciar una búsqueda que cambió mi estilo de vida. Reduje el ritmo de trabajo y poco a poco encontré que la máscara que antes había fabricado se desvanecía y me empecé a sentir muy bien. Regresé a pasar más tiempo en casa con mi familia, así como en mi casa interna, la del alma, para dedicarme a escribir y a ser más selectiva en aceptar las conferencias que me solicitaban. Ya no soy empresaria y me siento muy tranquila, ya no visto a diario como ejecutiva y soy feliz. Estoy consciente de que tengo que crear nuevas formas de relacionarme con los demás y el reto me atrae. Más tarde de lo que hubiera querido, me doy cuenta de que sólo cuando te conectas contigo mismo y dimensionas las cosas para llevar una vida congruente y auténtica, puedes encontrar ese poder y esa identidad dentro de ti.

¿Qué hacer o ser?

El filosofo francés André Pascal, en una de sus reflexiones, escribió que la vida es como un río. Cada uno de los seres humanos lo navega sobre una balsa y va descendiendo de acuerdo con el viento y la intensidad de la corriente. "De vez en cuando", escribe Pascal, "es conveniente amarrar nuestra balsa a la orilla del río para, tan sólo, *dejar pasar*, hacer un alto en el camino, contemplar la vida transcurrir, serenarnos, aprender a estar con nosotros mismos y, lo más importante de todo, conocernos."

El valor del éxito, además de que es muy relativo porque siempre habrá un "comparado con quién", es muy peculiar: no vale nada por sí solo, solamente adquiere valor si trasciende en beneficio de otros, de tu país, de tu comunidad, de tu entorno, más allá del ego y de lo económico.

Hoy comprendo que no hay suficiente *quehacer* que pueda compensar la falta de *ser*. Desafortunadamente, desde niños se nos vende la idea de que el éxito se manifiesta a través de los bienes materiales que acumulamos: la marca del coche, el tamaño de la casa, el saldo en el banco o el puesto que se ocupa en el trabajo. Sin embargo, está más que demostrado que la fama, el número de dígitos en la cuenta bancaria ni una medalla son suficientes para satisfacer el alma.

Los títulos y puestos: una falsa identidad

Al salir de la universidad en lo único que pensamos es en obtener el puesto mejor pagado. Es así que invertimos horas y horas de trabajo en obtener aceptación y reconocimiento, y muchas veces no nos percatamos de que, en el camino, vamos perdiendo otros valores. Muchos, simplemente, nos dejamos llevar por lo que se espera de nosotros. Una vez que trabajas como ingeniero en sistemas, maestra, doctor, mecánico, contador, vendedor de seguros o gerente, puedes comenzar a creer que tu identidad depende de un título profesional. Esto se puede llegar a convertir en una máscara y puede darte la idea equivocada de "poder". Te conviertes en lo que crees que eres: abogado, empresario o director, pero... ¿eso es lo que eres?

Una vez a un querido amigo lo despidieron de su trabajo por haber apostado en un producto grandes cantidades de dinero, mismo que resultó un rotundo fracaso. Al encontrarse en su casa sin el "paraguas" de director de mercadotecnia de una empresa muy respetada y trasnacional; se sintió como Superman que desfallece junto a un trozo de criptonita, un don "nadie". Su seguridad personal se fue al suelo; no quería salir de su casa ni asistir a ningún evento social.

Jung dice que cuando estás identificado con la máscara te vuelves monotemático. Es decir, todo lo que haces, piensas o dices se relaciona con un mismo tema, en este caso tu trabajo; y que entre más éxito tienes en ese campo, más deslumbrado y convencido estás de lo que crees que eres.

Sin embargo, no eres el puesto, el título ni el sueldo. Estos son sólo una parte de ti, más no son tu identidad. Cualquier beneficio que obtengas del trabajo es sólo eso: una retribución o un producto de la actividad laboral.

El trabajo y lo que resulta de él sin duda es importante, pero es un error creer que sólo algo externo nos va a dar salud, tranquilidad, amor, aceptación y reconocimiento. De creer esto, llegará el momento en que sintamos que algo no está bien, que hay un cierto vacío.

Porque lo he vivido, sé que está en nuestras manos hacer los cambios necesarios para vivir en la congruencia. Se trata solamente de darnos cuenta y darle valor a lo que realmente lo tiene. Cuando te atreves a hacerlo, el concepto de éxito toma otra dimensión. En lugar de obtener ese éxito relativo y efímero, tu esfuerzo se traducirá en algo mucho más valioso e importante: *hacer de tu vida un éxito*. ¿No es lo que todos deseamos?

Ser feliz se aprende

La película resulta tan buena como me la contaron. Jack Nicholson y Morgan Freeman, como siempre, ¡actúan maravillosamente! Agradezco el buen rato y la reflexión que la película me provoca: *The Bucket List*. Dos hombres mayores de edad, con cáncer terminal y pocos meses de vida, deciden aventurarse por el mundo para hacer lo que siempre habían soñado. Mientras los dos personajes admiran las pirámides de Egipto y palomean uno más de sus deseos, Carter le dice a Edgard:

—¿Sabías que los egipcios tenían entonces una filosofía de la muerte muy particular?

—No, ¿cuál es? —responde Edward.

—Al morir, sus dioses les hacían sólo dos preguntas: la primera, "¿Encontraste la felicidad?", y la segunda: "¿Otros la encontraron gracias a ti?"

¡Gulp! Me quedé helada. Nunca lo había pensado. Decidí entonces consultar los estudios más recientes sobre la felicidad realizados por el doctor Richard Davidson, de la Universidad de Wisconsin. Comparto contigo algunos de sus consejos.

Negativo + negativo = negativo

¡Es increíble! De acuerdo con los expertos se calcula un promedio de 60 mil pensamientos por día; alrededor de uno por segundo. De todos ellos, 95 por ciento son automáticos y son los mismos que tuvimos ayer, anteayer y la semana pasada. "No voy a poder", "ya para qué trato", "seguro me va mal", "¡Estoy gorda!", ¿te suena? Lo peor es que, por lo general, esos pensamientos se convierten en un hábito para la mayoría de las personas. Así que la fábrica cada vez se vuelve más eficiente: negativo + negativo = negativo.

Por eso, cuando la mente trata de sortear estos pensamientos negativos automáticos nos afecta. Los investigadores han descubierto que estos estimulan las áreas del cerebro que involucran la depresión y la ansiedad.

Lo irónico es que la mayoría no son ciertos. Nunca olvidaré la primera vez que mi mamá estuvo presente en una conferencia que impartí, cuando iniciaba. Por alguna extraña razón su presencia me presiona mucho, así que todo el tiempo estoy pendiente de sus reacciones. El auditorio, en general, estaba contento, pero a ella la notaba seria: "No le está gustando"; "la estoy dando pésimo", me decía una vocecita en mi interior. Entre más la miraba, más nerviosa me ponía. Al término de la plática, para mi sorpresa, mi mamá se acercó y me dijo: "Gaby, me siento muy orgullosa de ti. Me encantó tu conferencia. Lo hiciste muy bien." ¡No lo podía creer!

Los psicólogos llaman a esto "sesgo negativo". Los humanos, por sobrevivencia, tenemos cierta tendencia natural a registrar mucho más los pensamientos, sentimientos y experiencias negativas que las positivas. Si te dicen 10 cosas bonitas y sólo una crítica, ¿cuál recuerdas?... Sesgo negativo.

La buena noticia es que podemos aprender a ignorar esos pensamientos negativos y retomar el rumbo.

Nota: Identifica los detalles que te hacen feliz, sin importar qué tan pequeños sean.

Una noche, un sabio indio Cherokee le cuenta a su nieto la batalla constante que hay dentro de la mente:

—Imagina a dos lobos que viven dentro de ti. Uno es infeliz, lleno de miedos, enojo, envidia, resentimiento... El otro es muy feliz. Está lleno de amor, serenidad, paz, generosidad y bondad.

—¿Cuál gana, abuelo? —pregunta el nieto.

—El que tú alimentes —le contesta el sabio.

Es cierto. La tendencia general es alimentar al lobo infeliz. En cambio, según estudios, las personas que resultaron ser felices, a pesar de diversos problemas, tienen el hábito de fijarse en los pequeños instantes de felicidad: cualquier cosa que piensan, ven, sienten, saborean o huelen que les cause placer. Esta costumbre activa lo que se llama el SAR (Sistema Activador Reticular), un grupo de células ubicadas en la base del cerebro, que funciona como una antena las 24 horas y es responsable de activar la memoria para atraer tu atención ante cualquier cosa importante. ¿Has escuchado a medianoche a tu hijo llorar al fondo del pasillo? Es un trabajo del SAR. Así que úsalo a tu favor. Cuando decides fijarte en lo positivo, el SAR se asegura de que lo sigas viendo.

Si te pregunto qué te hace feliz, ¿qué responderías? Piensa en las pequeñas cosas cotidianas que hacen que tu día sea mejor y te invito a anotarlas en la última hoja de este libro, o donde quieras. Esto pondrá en alerta al SAR, te hará más consciente y, por tanto, las disfrutarás aún más.

Comparto contigo algunas de las cosas que yo he anotado y me hacen feliz:

- Me siento feliz cuando regreso del gimnasio después de haber hecho ejercicio.
- Me siento feliz cuando abrazo a Pablo mientras vemos un rato la televisión por la noche.
- Me siento feliz cuando abrazo a mis nietos y juego con ellos.
- Me siento feliz cuando medito en mi jardín y escucho los pájaros, siento el aire en la cara y paz en el corazón.

• Me siento feliz cuando saboreo un chocolate amargo.

• Me siento feliz cuando escribo en silencio y gozo mi trabajo mientras veo por mi ventana la secuoya que un día plantamos y que ahora es un gran árbol.

Traer estos detalles a la conciencia permite que disfrutemos más las cosas que nos dan felicidad. Así que te invito a que una vez que detectes algo positivo, lo saborees y... alimentes al lobo feliz.

La felicidad desde otro ángulo

Al llegar al aeropuerto de Monterrey me dio risa ver un gran anuncio espectacular con una mujer que porta un collar de brillantes —divino, por cierto—, con la siguiente leyenda: "La felicidad existe, hay que saber dónde encontrarla." A mi regreso compré una revista y me encontré con todo tipo de anuncios que implícitamente te hacen sentir que con tal o cual producto, conseguirás ser feliz. Por ejemplo, el de una mujer guapísima y radiante que al llevar un gran bolso de una marca determinada logra atraer la admiración de todos los que la rodean, tal como analicé en el cuarto paso de este libro.

Las promesas varían, ya sea que se trate de perfumes, autos, chocolates, una casa en cierto fraccionamiento o la hora feliz en un bar. El caso es que el mundo se convierte rápidamente en una mega tienda departamental donde, según proclaman los anunciantes, puedes conseguir la felicidad de muchas maneras. Además, como las pizzas, es servicio al instante.

Por todo ello, cuando intentas abordar el tema de la "felicidad" desde otro ángulo, un poco más real, encuentras que la palabrita está más que sobada, tallada y choteada. Con esto en mente, comparto contigo que tuve la oportunidad de estudiar con uno de los investigadores más serios sobre el tema, el doctor británico Robert Holden, autor de *Happiness Now,* y fundador de The Happiness Proyect, en Londres, Inglaterra.

¿Qué es lo que todos queremos?

La respuesta a esta pregunta es, sin duda, la felicidad. Sin embargo, ésta es tan intangible que pensamos que está muy lejos, por lo que pasamos el tiempo tratando de encontrarla afuera. La felicidad se ve siempre como una esperanza, en el futuro; se piensa que se encontrará en el siguiente trabajo, en la fiesta del viernes, o en la persona que contactaste por la red, por ejemplo. Lo malo es que entre más la persigues, más se escapa: "Esta simple creencia es la fuente de todos nuestros miedos", afirma Holden. Es así como perdemos de vista que la felicidad está simplemente aquí, ahora.

Holden basa su trabajo en lo siguiente:

■La felicidad está en tu naturaleza

En tu esencia, en tu ADN espiritual. No es una cosa, un destino, otra relación ni un estado mental: ni siquiera está dentro de ti. Tú eres la felicidad. Aunque esta última frase te suene a promesa barata de motivador de masas, si excavas en ello encontrarás su certeza: "Tu esencia —tu verdadero ser, el que está detrás de la máscara— está *siempre* 100 por ciento feliz." Lo malo es que no estamos conscientes de ello. No metemos el espejito al interior ni siquiera para conocerlo. Sin embargo, como el sol, tu esencia está siempre ahí.

Hay tres palabras en particular que describen esa felicidad del *verdadero ser*: totalidad, amor y gozo. Las diversas corrientes orientales nombran a esa felicidad de distintas maneras; en el zen la llaman "la cara original"; los budistas la describen como "la felicidad secreta"; para los taoístas es "la sonrisa interior". Y todos están de acuerdo en algo: el mundo no tiene tu felicidad, *tú* la tienes. El secreto está en poner tu atención, no en el exterior, sino en ti, en tu esencia.

¡Pon atención!

¡Ah!, cómo escuché de chica esa frase, te puedo asegurar que fue la que con mayor frecuencia me dijeron todos los adultos que tuvieron que ver con mi formación. "Gaby, ¡pon atención!" En el salón de clases, en la casa, cruzando la calle, haciendo mi tarea, en fin. Nunca me cayó bien escucharla; mi mente era mucho más feliz divagando en otros mundos divertidos y fantasiosos que atendiendo la clase de historia, o repitiendo el poema o las tablas de multiplicar que me habían dejado aprender de tarea. Claro que esa falta de atención me costó reprobar quinto de primaria así como cientos de regaños y castigos.

TERCERA PARTE: TU ESPÍRITU

Hoy, como adulta, me sigue costando mucho trabajo concentrarme en lo que hago. Es común que me sucedan cosas como llegar a mi casa sin saber cómo llegué, o volverme a tomar las vitaminas que ya había tomado en la mañana; incluso, marcar el teléfono y cuando están por contestarme, ¡ya no recordar a quién le marqué! Mi mente está en otro lado, anticipando el siguiente momento, los quehaceres del día posterior o el viaje más próximo. El caso es que siempre he vivido una lucha campal por estar en el presente. Recuerdo que cuando era niña y veía a mi abuela o a mi mamá detenerse frente a una jacaranda y asombrarse de su belleza, pensaba: "¡En qué cosas tan aburridas se fijan los adultos!"

Con la distancia de los años, me doy cuenta de que lo que hacían, simplemente, era poner atención. Detenerse para admirar la belleza, no importa si se trata de un árbol, una flor o una puesta de sol, es una manera de despertar y apreciar no sólo aquello que admiras, sino aquello que es, al mismo tiempo, tu esencia misma.

Es sencillo, mas no fácil

Ignoro si se deba a la edad o a una aspiración de crecer interiormente, pero hoy deseo poner más atención, estar más consciente de mi vida. Lo busco, lo investigo y trato de practicarlo. Me consuela leer en el libro de Jon Kabat Zinn, *Coming To Our Senses*, que estar presente en la vida diaria es sencillo, mas no fácil; y que incluso es una de las cosas más difíciles de lograr. No se trata de alcanzar un estado de perfección, sino de poner más atención a lo que ves, de manera que veas más; si te enfocas en lo que comes, saboreas más la comida; si estás atento a tu cuerpo, te das cuenta cuando él te dice que ya es suficiente; y si contactas y reconoces tus emociones, eres más congruente. Si te fijas, todo lo anterior viene de estar consciente y atento a tus sentidos; de aprender a escuchar y habitar tu cuerpo. Dice Victor Frankl que la conciencia es la antesala a la voz de Dios. Aun cuando acceder a ella nos resulte complicado pues es algo que por lo general, no cultivamos. Para lograrlo, puedes empezar por observar detenidamente la cara de las personas o escuchar atentamente su respuesta cuando les preguntas: "¿Cómo estás?" También puedes contemplar la expresión de un bebé o ser más sensible con la tristeza reflejada en el rostro de la gente. O bien, detente de vez en cuando a admirar la jacaranda. Yo sigo en la lucha. No obstante, comprendo que el verdadero sentido de la frase "pon atención", no es más que despertar, respirar y hacerte más consciente del momento, de los instantes que vives y descubrir que eres —o puedes ser— más feliz de lo que crees. Aquí un ejemplo.

Un hombre le pregunta a un monje budista:

—¿Qué hacen ustedes, los monjes?

—Pues, caminamos, estudiamos, trabajamos, nos alimentamos, como todos —le contestó.

—Pero nosotros también hacemos lo mismo —el hombre insistió.

—Sí, sólo que nosotros cuando caminamos sabemos que estamos caminando; cuando estudiamos sabemos que estamos estudiando, y cuando trabajamos sabemos que estamos trabajando. Buscamos vivir en el momento.

Sólo es cuestión de poner atención...

■Sólo al estar contento contigo mismo, estarás contento con lo que haces

Este principio es el punto de partida del tema de la felicidad e involucra todo lo que esté relacionado con lo que haces y con el punto donde te encuentras en el mapa del bienestar personal. Estamos tan convencidos con la idea de que "algo nos falta" y somos tan duros con la autocrítica, que no vemos nuestra esencia. Mientras no nos veamos con ojos de bondad, ningún logro hará nada por nosotros.

El logro puede ser muy sano, además de una maravillosa vitamina para el ego y el ser, siempre y cuando sea motivado por un sentido de vida —como dejar el mundo un poco mejor de lo que lo encontramos— y un gozo de lo que haces, sin perder de vista el equilibrio de la vida personal.

Es decir, como los monjes budistas, busca estar contento en donde estás. Por ejemplo, si bien mudarse a una casa más grande y bonita en un principio puede inspirar felicidad, la falta de paz y aceptación interna afloran con el tiempo. Mientras esa sensación de "no es suficiente" persista, no habrá mansión, yate, jardín u hotel de cinco estrellas que te satisfaga totalmente.

Ojo con el fantasma "No es suficiente"

Recuerdo lo feliz que era mi abuelo. Una pequeña fábrica de conservas que abría y cerraba siempre a la misma hora, le daba para vivir una vida tranquila, sin lujos, con mi abuela y sus seis hijas. Disfrutaba de inventar toda clase de salsas —por cierto, la Búfalo fue una de ellas—, y de introducir nuevos productos. Con esto les pudo dar a sus hijas una buena educación y formación. No pretendía nada más.

En la actualidad, si observas detenidamente, nada es suficiente. La búsqueda de la "felicidad" que perseguimos nos lleva con frecuencia a vivir una obsesión por la perfección. Es decir, vivimos bajo la presión de que hagas lo que hagas tienes que ser el mejor —en todo— y tu esfuerzo más valioso es visto como poca cosa.

En nuestra cultura hoy impera lo siguiente:

• No es suficiente ser buenos padres que crían buenos hijos en un departamento decente: tienes que ser una combinación de Freud, María Montessori, Beckham y Mary Poppins, que educan a unos niños que, a su vez, tienen que equipararse a Einstein, Tiger Woods y Mozart en partes iguales y que, además, viven en una casa que tiene que competir, por lo menos, con el Palacio de Versalles.

• No es suficiente tener un trabajo, sino que debes construir una carrera: un camino en el que encuentres satisfacción, un buen puesto, un súper sueldo con amplias prestaciones que te dé un estatus determinado y que "haga la diferencia".

• No es suficiente hacer ejercicio y estar saludable: necesitas tener el abdomen marcado, el índice de masa muscular en niveles óptimos, el cuerpo de un atleta y la capacidad aeróbica de un maratonista.

• No es suficiente tener un buen matrimonio: tienes que estar tan conectado con tu pareja como si de gemelos se tratara y tener el mejor sexo tres veces por semana.

• No es suficiente ahorrar todo lo que puedas: necesitas saber invertir tu dinero de tal manera que permita que tus hijos estudien en la mejor universidad, puedas viajar y hacerte de una casita para los fines de semana.

• No es suficiente saber cocinar para invitar a la familia y a los amigos a la casa: necesitas ser un chef *gourmet*.

• No es suficiente vestir ropa limpia y combinada: necesitas ser un *fashionista*.

• No es suficiente tener un coche que sea seguro y confiable: necesitas manejar un vehículo moderno con motor turbocargado que refleje juventud y elegancia.

Y, lo peor de todo, es que debes tener TODO lo anterior. Cualquier cosa que sea menos es motivo de frustración y señal de que no estás viviendo tu máximo potencial ni lo mejor de la vida.

Esa persecución de la felicidad perfecta, hoy epidemia y obsesión, tarde o temprano sólo nos llevará a darnos cuenta de que tal cosa no existe. Mientras, dejamos de ver y apreciar lo que ya tenemos "aquí", por correr hacia lo que hay "allá". Es absurdo e ilusorio. Sin embargo, seguimos en la búsqueda a pesar de —y quizás por— la falta de felicidad que vivimos.

Y, como ya mencioné, entre más buscas peor es la decepción. Entre más tratas de tenerlo todo, mayor es la probabilidad de terminar con nada. Si no tienes el cuerpo perfecto, la carrera perfecta o la cuenta bancaria perfecta, está bien. Lo que importa es que estés tranquilo porque pones tu mejor esfuerzo en todo lo que haces.

Finalmente, la felicidad viene de procurar una vida equilibrada, en lo emocional, en lo mental y en lo espiritual, y la paz viene de entender que es imposible tenerlo todo. Como mi abuelo decía:

■ Sólo al estar contento contigo mismo, estarás contento con los demás

En especial cuando de tu pareja se trata, porque es común buscar por el mundo entero una pareja que tenga una mejor opinión de nosotros mismos que nosotros. Y cuando finalmente la encuentras, le pides algo ridículo: que te ame, aunque tú no te ames. Y, claro, se convierte en un círculo vicioso: porque mientras no te quieras a ti mismo, será imposible aceptar el amor que otro tenga por ti. ¡Qué paradoja!

Es increíble, pero la relación que tengas contigo mismo determinará las relaciones que tengas con los demás. Es como verte en el espejo. Esa crítica dura que haces de ti, la proyectas a los demás constantemente. Al principio, por decirlo así, vives una luna de miel con ese nuevo amigo, amante o colega; pero al poco tiempo tu autocrítica aflora, se proyecta y afecta la relación. ¡Ah!, cómo podemos ser nuestros peores enemigos.

En cambio, cuando te sientes pleno y bendecido te olvidas de juzgar a otros, ves la bondad en el mundo y amas más. Creo que todos, en mayor o menor grado, lo hemos experimentado; el problema es que se nos olvida lo bueno que tenemos y sólo ponemos atención en aquello que nos falta. Lo cual me recuerda el siguiente cuento:

—Perdona, ¿me puedes ayudar? —le dice un pequeño pez a otro más grande—. Tú, que tienes más experiencia, ¿me puedes decir dónde puedo encontrar eso que llaman *océano*? Lo he buscado por todos lados y no lo encuentro.

—El océano —le dice el pez más grande— es el lugar donde estás ahora.

—¿Esto? —le contesta el pequeño pez, decepcionado—. Pero esto es sólo agua. Lo que estoy buscando es el *océano*...

Así que el secreto de la felicidad parece ser el entendimiento de que está en ti aceptarte, darte atención, apapacho, reconocimiento y, sobre todo, percatarte de que "nada falta".

Algunas ideas para recordar:

• Celebra cada momento del día, piensa que no necesitas nada material para ser feliz.

• Haz un esfuerzo por agradecerle a Dios, a la vida, lo que eres y lo que tienes.

• Tómate unos minutos al día para observar dónde enfocas tu atención, porque eso es lo que crecerá.

• En tus relaciones concéntrate en lo positivo de las personas a las que amas, no en lo que les falta o no son, que es muy fácil hacer. Muchos de los problemas en las relaciones se dan porque nos concentramos en aquello de lo que carecen los demás.

> • Disfruta lo que haces; si no te satisface del todo, busca hacerlo. No traes otra vida en la maleta.
>
> • Convéncete de que eres una persona muy especial. Está bien sentir que te mereces todo aquello que te hace feliz.
>
> • Abraza mucho a tu gente y dile cuánto la quieres. Te asombrarás de lo bien que te hará sentir, y a ellos también.

Como el pequeño pez del cuento, también estamos inmersos en la abundancia del océano. No necesitamos seguir buscando para encontrarlo. Es cuestión de abrir los ojos, de cambiar el enfoque de tu vida, así como de apreciar y agradecer todo lo que tienes. La felicidad no es para entenderla, sino para sentirla y descubrirla, porque está ahí...

Apasiónate con lo que haces

¿Qué porcentaje de las personas en el mundo podrían decir que se apasionan por lo que hacen? ¿Acaso tú tienes esa gran fortuna?

Para saberlo, bien valdría la pena cuestionarte dos cosas: "¿Lo haría aunque no me pagaran?", y: "¿Me levanto con gusto por las mañanas?", esta última pregunta me recuerda la plática que sostuve con un compañero de algún seminario, que durante el café me comentó: "Fíjate, Gaby, que estudié medicina y me especialicé en neurocirugía, la cual practiqué durante ¡10 años!, tiempo en que me dediqué a hacer lo mismo que mi papá y mi abuelo habían hecho y que influyó mucho en mi decisión. Sin embargo, en el fondo siempre me sentía inquieto, inconforme, pero no me atrevía a dar el paso: a hacer lo que toda mi vida había soñado. Siempre, levantarme por las mañanas era para mí un gran esfuerzo, hasta que un día, después de una crisis y un profundo cuestionamiento, me armé de valor, renuncié a mi profesión y, no sin dificultades, abrí mi primer restaurante de carnes argentinas. Ahora ya tengo una cadena de ellos y te puedo decir que fue la mejor decisión que he tomado. A mi papá y a mi familia les tomó mucho tiempo aceptarlo y apoyarme. Hoy te puedo decir que me levanto con gusto de mi cama. Y para mí eso es lo importante."

Cuando te dedicas a hacer lo que te gusta, te sientes vivo, pleno, conectado. Ignoras el paso del tiempo. "Fluyes", como diría Mihail Csikszentimihalyi, quien acuñó este concepto.

Los elementos básicos

Cuando uno cree saber mucho —o, por lo menos, haber leído mucho—, llega siempre el trancazo que te sitúa y, con él, el asombro. Leer el libro *A New Earth*, de Eckhart Tolle, me ha dejado con la boca abierta de principio a fin. He tenido que leerlo y releerlo con la esperanza de absorber un poco la sabiduría de su contenido.

Lo que más me gustó fue su concepto de: "Los tres elementos a valorar cuando hacemos una tarea, que son: aceptación, gozo y entusiasmo", los cuales comparto contigo:

- Aceptar lo que *es* y lo que *tienes* que hacer.
- Gozar el momento presente, aquello que haces.
- Entusiasmo por lo que haces.

Cada uno de estos tres representa una frecuencia de vibración en la conciencia. Necesitas estar atento y asegurarte de que alguno opere cuando haces algo, desde la tarea más simple, hasta la más compleja. Lo determinante, de acuerdo con Tolle, es que si al hacer algo no sientes ninguno de los tres, entonces revises minuciosamente y comprobarás cómo creas sufrimiento en ti y en los demás. ¡Qué cierto!

Aceptación

Hay ocasiones en que la vida nos pone a prueba y evalúa nuestro tamaño como seres humanos, nuestra calidad y de qué madera estamos hechos. Las pruebas son tan pequeñas como tener que cambiar una llanta ponchada en medio de la carretera en una noche lluviosa, o tan grandes como el anuncio de que tu hijo nacerá con alguna discapacidad. ¿Puedes hacer algo para cambiar las cosas? No. Tus alternativas son dos: sentarte a llorar y quedarte en la autocompasión, o bien llorar, *aceptar* las cosas como son y crecer ante la circunstancia.

En el momento en que lo haces, en que dices: "Ni modo, esto me tocó y voy con todo", el panorama cambia, con cualquier cosa que se presente. Al hacerlo, lo que conseguimos es algo muy importante: paz. Es una manera de rendirte conscientemente a la voluntad divina. Y al hablar de aceptación, comparto contigo lo que para mí ha sido un gran ejemplo de esto.

■ "Usted tiene Parkinson..."

Recuerdo cuando hace unos años Joaquín Vargas escuchó ese diagnóstico. Le explicaron de la mejor manera posible lo lenta, cruel y paralizante que es dicha enfermedad y, desde entonces, nunca en la familia hemos escuchado de su parte ni la más mínima protesta, queja, reproche, un: "¿Por qué a mí?", ¡nada! Contrario a eso, ha llevado su enfermedad con la dignidad de quien acepta las circunstancias: ha adoptado al Parkinson como si se tratara de una hija.

Recuerdo esto porque varios años después del diagnóstico, y ya conviviendo con un grado avanzado de la enfermedad, mi papá y Pablo, mi esposo, comieron juntos. Pablo regresó de esa comida conmovido e impresionado. Me comentó: "Si siempre he admirado a tu papá, con lo que le escuché decir hoy compruebo su calidad como persona. Al final de la comida me dijo: 'Toda mi vida me esforcé en enseñarles a mis hijos a bien vivir; ahora me propongo enseñarles a bien morir.'"

Y vaya que lo ha hecho. Hoy tiene 83 años, no puede hablar, no puede moverse ni valerse por sí mismo, no puede comer más que por sonda y, aún así, todos los días se arregla —lo arreglan— para salir con algún amigo o un hijo a un restaurante de la ciudad. Lo hace con un ánimo que expresa en los ojos y que conmueve.

Han pasado 25 años desde que recibió ese diagnóstico, y todos esos años ha cumplido su misión. La mitad de su vida nos mostró con su ejemplo lo que significa "bien vivir": luchar, salir adelante de la nada, usar la creatividad y el arrojo como herramientas para superar las limitaciones. Como prueba de ello, cuento parte de su historia a continuación.

A los ocho meses de nacido murió su papá, de la noche a la mañana se quedó sin nada. Entró al ejército, dice él que por "bocación" no por vocación, porque así por lo menos comía tres veces al día. De joven no cursó una carrera universitaria por tener que mantener a su mamá, a su hermana y a una tía que vivía con ellos. En su trabajo perdió un ojo en un accidente y el doctor le aseguró que no podría volver a manejar un coche. Entonces, Joaquín Vargas se casó y decidió que como viaje de luna de miel manejaría de México a Nueva York para llegar al piso más alto del Empire State, donde con una mentada le brindaría su hazaña al doctor.

Después estableció su primera gasolinería ubicada frente al aeropuerto de la ciudad de México, la equipó con música y uniformes para sus empleados y la llevó a ser la número uno en ventas de todo el país.

Al mismo tiempo, se volvió vendedor de partes de aviones. Y un día, mientras se encontraba en una fila para cobrar una factura, se enteró de la existencia de un avión viejo e inservible que estaba condenado al abandono. A Joaquín se le ocurrió ofertar por él una cantidad irrisoria. "Sí, te lo vendemos", le respondieron, "con la condición de que te lo lleves ahora mismo".

En ese momento, Joaquín organizó que una grúa lo cruzara del hangar a su gasolinería, la cual daría un atractivo más para sus clientes, al hacerlo, tenía en cuenta que, hace 40 años, eran pocos los privilegiados en conocer un avión por dentro. Pero poner la idea en práctica no fue tan fácil como creía. Se encontró con mil obstáculos que no imaginó, como el hundimiento del pavimento por el peso del avión y el choque con los cables de alta tensión que le estorbaban el paso. En fin, esa cruzada le hizo llegar a las seis de la mañana a su casa y le valió una regañada de Gaby, su esposa, quien dada la hora pensó que su marido estaba "hasta atrás" —lo cual, por supuesto, no era el caso—, aunque ella quedó totalmente convencida de ello al escuchar incrédula: "Es que, vieja, compré un avión..."

En fin, su vida ha estado llena de trabajo y entusiasmo por innovar, así como de experiencias tristes. Justo al cumplir 50 años de casado, secuestraron durante tres meses a su hijo mayor; más tarde murió Adrián, el penúltimo de mis siete hermanos.

Por todo ello, y quizá con conocimiento de causa, una de sus frases favoritas es: "Hay que procurar los momentos buenos, porque los malos llegan solos." Y si llegan solos, no queda más que aceptarlos y entrarle al toro... y demostrar nuestro tamaño como seres humanos.

■ Si puedes escoger...

Por otro lado, si está en tus manos escoger tu trabajo, tus relaciones, tu estado de salud o lo que haces, y por alguna razón no estás en el camino de tu deseo, no lo disfrutas o no lo aceptas, detente y encuentra fuerza para cambiar la situación. No escogemos vivir, pero sí *cómo* vivir. Porque de no hacerlo no estás siendo responsable de lo único fundamental: tu vida y tu conciencia. ¿Acaso hay algo más importante?

Gozo

Respira, date cuenta y goza el momento presente. Solemos pensar que el presente va a ser para siempre y olvidamos que se va rápido como el viaje de un cometa. ¿Te acuerdas de lo bien que la pasaste este fin de semana? Pues ya pasó, ya se fue, y dentro de las posibilidades está que no regreses a ese lugar o no vuelvas a disfrutar de la compañía de ese o de esos seres queridos. Cuando te enfocas en el presente, en lugar de hacerlo en el pasado o futuro, tu habilidad para gozar lo que haces —y con ello tu calidad de vida— aumenta considerablemente.

No esperes a que algo "significativo" llegue a tu vida para, por fin, disfrutar lo que haces. Hay más significado en el gozo mismo de lo que jamás necesitarás. "Esperar para empezar a vivir", es una ilusión que rara vez se presenta. Aprendamos de los niños.

■ Los niños: maestros del gozo

A pesar del frío, nos descalzamos, nos arremangamos el pantalón y, tomados de la mano, nos dirigimos al mar. El sol ilumina levemente la tarde, no calienta nada, y el viento de invierno sopla con ganas. El bebé de 3 años y yo, ataviados con chamarras, jugamos a acercar los pies poco a poco a las olas, tratando de que el agua helada no nos alcance. Felices, gozamos el momento.

Poco a poco, Pablito toma confianza y le pierde respeto al agua. Entre risas, advertencias, protestas y jaloneos, trato de controlar, con la cola del changuito que sus papás le amarraron a la espalda, su intento de adentrarse al mar.

Con 10 ojos vigilo que el agua no nos moje los pantalones, que la bolsa y los zapatos permanezcan en el lugar donde los dejé, y volteo hacia el restaurante a lo lejos, por si sus papás nos hacen señas para irnos. ¡Splash! En un instante de distracción, Pablito decide echarse de panza al mar a pesar del frío, del viento, de su chamarra, pantalones de pana y de mi supuesto control. La sorpresa del frío en la panza lo deja sin aire; sin embargo, con una sonrisa más grande que su cara, empapado y con el pelo escurrido de agua helada, goza la travesura y chapotea feliz. ¡Qué voy a hacer! ¡Qué cuentas voy a entregar! Falta una hora de camino para llegar al hotel, no traemos ropa extra, ¡y hace un frío espantoso! Todo esto al niño lo tiene sin cuidado. Él no se cambia por nadie... y yo tampoco.

¡Qué momento más maravilloso! Sólo unos instantes. Me cuesta trabajo poner en palabras la capacidad de los niños para ser felices en cualquier momento y a pesar de lo que sea. Obsérvalos. Sólo les basta echarse a correr para que se rían sin razón alguna. Únicamente disfrutan ese preciso momento. Su alegría es viva, espontánea, no requiere estímulos o condiciones especiales. Su alegría va más allá del tiempo y de este mundo. Es totalmente presente.

■Aprendamos de ellos

Los adultos también tenemos acceso a ese tipo de felicidad. "El gusto no viene de lo que haces, fluye desde lo profundo en ti hacia lo que haces y, por ende, al mundo", dice Eckart Tolle. Son esos momentos en los que algo, una vista preciosa, un abrazo, una canción determinada, provoca que por instantes —que parecen una eternidad— experimentemos una especie de epifanía. Te detienes por completo y, como si salieras de tu cuerpo, te sientes vivo, pleno, en paz, agradecido. El tiempo también parece detenerse, salirse de lo lineal, y tu cuerpo se mezcla con un todo, con el universo. El corazón se sale de tu pecho por instantes. Estás presente y sientes una profunda paz, pureza, qué sé yo. Un momento en que la vida simplemente es, está ahí... y la disfrutas.

Qué lección me dio Pablito. Esa tarde comprobé que los niños son grandes maestros del gozo, si sabes observarlos y abrir el corazón. El ahora es su mundo entero, es su área de juegos total. Su fascinación por el presente es natural, no la fabrica, no la aprende ni piensa en ello. La felicidad, para los niños, es gratuita. No tienen que trabajar o sufrir para obtenerla.

Viven el presente sin importarles nada más. Para ellos no existen preocupaciones pasadas ni futuras. No les importa. No se acuerdan. No hay mañana, no hay qué dirán... sólo el placer de gozar, jugar y reír, aquí y ahora.

Te invito a convivir un rato con cualquier niño entre 2 y 6 años: observa y métete en su mundo, aprende de ellos. Verás que, si te abres a la experiencia, te conectas con un todo y le agradeces a la vida el milagro de tener un hijo, un sobrino o, como en mi caso, un nieto.

Entusiasmo

Alguna vez leí sobre la vida de Federico Nietzsche, filósofo y poeta alemán, y me llamó la atención saber que de joven deambulaba de universidad en universidad porque encontraba que sabía mucho más que todos sus maestros. Ninguna universidad ni profesor le satisfacían. Hasta que se mudó de pueblo en busca de ese alguien que le pudiera enseñar algo. Es así como llegó a la Universidad de Leipzig donde por fin encontró a un maestro que respetaría siempre. Según palabras de Nietzche: "No por sus conocimientos, sino por el entusiasmo y pasión con que transmite su materia."

En relación con este último aspecto, Eckhart escribe: "Entusiasmo significa que hay, además del profundo gozo por lo que haces, un elemento adicional, un objetivo, una visión por la cual trabajar. Cuando le agregas entusiasmo a una meta, la energía o frecuencia de vibración cambia (...) Te sientes como una flecha que se dirige hacia el objetivo y disfrutas el viaje."

Cuando algo te entusiasma, sientes un impulso inexplicable y contagioso que logra que los obstáculos se minimicen y te llena de energía. "Para el observador", comenta Tolle, "podría parecer que padecemos estrés, sin embargo no tiene nada que ver con esto. El estrés, en realidad, llega cuando nos enfocamos exclusivamente en la meta sin disfrutar el proceso". ¿Te suena familiar?

■ Entusiasmo *versus* ego

Cuando al realizar una tarea el estrés aparece, significa que el ego ya nos atrapó. Es decir, sólo veo mi beneficio sin trascender en nada ni en nadie. Y el estrés siempre va a disminuir la calidad y la efectividad de lo que hacemos. Sabemos lo tóxico que es para el cuerpo debido a la ansiedad y la ira que lo acompañan.

En cambio, el entusiasmo tiene una frecuencia o energía que hace resonancia con el poder creativo del universo. La palabra "entusiasmo" viene del griego *en* y *theos*, que significa "tener a dios dentro de nosotros". Me encanta leer que gracias al entusiasmo sientes que no haces las cosas solo, porque un dios te acompaña. ¿No es precioso? De hecho, no podemos hacer nada solos.

El entusiasmo le da un gran empoderamiento a lo que haces. A diferencia de lo que significa hacer las cosas movido por el ego —que siempre trata de tomar algo de alguien—, el entusiasmo incluye, no excluye. Da de su propia abundancia. No confronta a nadie y no crea ganadores ni perdedores. No "quiere" nada, porque no le falta nada.

Cuando el entusiasmo encuentra obstáculos en forma de situaciones adversas o personas poco cooperativas, nunca ataca, sino que les da la vuelta, los evade. Es el poder de transferir un plan de la mente a la dimensión física.

Por eso me gusta esta frase que subrayé dos veces: "El entusiasmo y el ego no pueden coexistir. Uno implica la ausencia del otro."

Es importante, de acuerdo con Tolle, asegurarte de que la visión o la meta que persigas no tenga nada que ver con una imagen inflada de ti, o con *tener* esto o aquello, como una casa en el mar o 10 millones de dólares en el banco. En cambio, asegúrate de que el objetivo apunte hacia una *actividad* que te conecte con otros seres humanos y con la trascendencia. Inspirar a los demás con tu trabajo enriquece no sólo tu vida, sino la de muchos otros.

Para resumir: "El gozo por lo que haces, combinado con tu trabajo hacia una visión, es lo que se convierte en entusiasmo". Es decir, cuando un dios decide bajar y habitarnos por un tiempo...

Apreciar, apreciar...

Es increíble cómo los seres humanos necesitamos pasar por una experiencia traumática para apreciar y valorar lo que tenemos, comenzando por la propia vida. En un instante, todo lo que parece felicidad puede cambiar por completo.

"Acompáñame a Cozumel, tengo que ver unos asuntos de trabajo", me dijo Pablo una mañana al término del desayuno, mientras disfrutábamos unos días de descanso, con la belleza de Cancún como escenario. "¡Ahorita venimos!", gritamos al unísono a la familia quienes, metidos cada cual en sus ocupaciones, apenas nos voltearon a ver.

Emprendimos el viaje en carretera para tomar el ferri de las 11 de la mañana rumbo a Playa del Carmen. En el trayecto escuchamos música y platicamos muy a gusto, cuando sorpresivamente salió de frente y a toda velocidad —ahora lo veo como en cámara lenta—, una camioneta *pick up* llena de obreros que viajaba en el carril contrario al nuestro. Pablo intentó frenar, las llantas rechinaron, dio el volantazo para esquivar el choque, pero el tiempo no alcanzó. La camioneta nos impactó del lado donde conducía Pablo y nos lanzó hasta el acotamiento. La lámina del coche se hizo como de papel. Con todo y cinturón de seguridad, las cabezas se sacudieron con el trancazo. Los vidrios del parabrisas y de las ventanas estallaron, se desmoronaron, nos bañaron y cortaron.

Segundos de silencio que me parecieron eternos... mientras en la mente toda clase de imágenes y desenlaces se atropellaban, hice un inventario de mi cuerpo y escuché:

—Vieja, ¿estás bien?

—Sí, ¿y tú?

—También.

Respiré y di gracias a Dios.

Al salir del coche, Pablo me abrazó y sentí como si fuera su primer y último abrazo. En esos instantes lo valoré y aprecié como nunca: el instante, la vida, mis hijos, el día, mis nietos, nuestra salud y todas las bendiciones que hemos recibido y que he dado por hecho.

A partir de ese día, a Pablo y a mí la mirada nos cambió. A nuestro regreso, aquello que antes era trivial y cotidiano, cobró otro sentido.

Por la tarde, Pablito, de 2 años, me llevó por las piedras para enseñarme una hormiga que descubrió y siguió con asombro. Vi su inocencia, su dedito que señalaba, sus rizos en el pelo, y lo abracé con ternura y reverencia al darme cuenta de lo frágil de la vida. Esa noche me dormí agradecida y con un sentimiento de estar endeudada con la vida.

Ojalá que los seres humanos no tuviéramos que pasar por experiencias amenazadoras para valorar, apreciar y agradecer a nuestros seres queridos por las bendiciones en la vida, como nos sucedió a Pablo y a mí. El reto ahora es que el aprecio no sea pasajero, sino que hagamos de él un hábito.

El universo es como un niño

Cuando trabajé en la Fundación APAC me maravilló la actitud de alegría que veía siempre en los padres y en los niños con parálisis cerebral. Visitarlos era una gran lección. Ahí encontré las sonrisas más transparentes que he visto en mi vida. Seres con escasos recursos económicos y grandes problemas de todo tipo estaban contentos, conformes y agradecidos con la vida. "¿Qué agradecen?", me preguntaba al principio, totalmente pasmada.

Poco a poco descubrí que se sentían agradecidos por todo: por estar vivos, porque había comida en la mesa, porque podían convivir con otras personas y se sentían comprendidos; por los pequeños avances que lograban de vez en cuando... Por lo soleado del día, porque realizaban alguna manualidad; cualquier cosa era motivo para su felicidad.

Al mismo tiempo, al haber dado por un hecho la salud de todos mis hijos y nietos me confronté con lo poco agradecida que hasta entonces había sido con Dios, el universo, la vida o como quieras llamarle. ¡Qué soberbia la mía! ¡De qué estupideces me quejaba! Al darme cuenta de mi error, también empecé a notar la falta de gratitud que podemos mostrar quienes tenemos tranquilidad material, lo exigentes que nos volvemos con ridiculeces que llegan a trastornar nuestra vida.

Esos dos años y medio en APAC —que coincidieron con la muerte de mi hermano Adrián— cambiaron mi vida. Hay cosas que tardan un poco en revelar los beneficios que aportan. Sin embargo, ambas experiencias me hicieron comprender lo pequeña que podía ser como persona al fijarme sólo en las cosas que no estaban bien, que fallaban, que no resultaban como quería; y lo fácil que es acostumbrarnos a ello cuando todo marcha bien. Ahora me pregunto cómo no voltear todos los días al cielo, al menos unas 100 veces, para decir "gracias".

■Gracias...

¿Te ha tocado vivir alguna experiencia trascendente en la que la palabra *gracias* surja de lo más profundo de tu alma? Por ejemplo, cuando después del parto te dicen que tu bebé nació sano, cuando al regreso de un largo viaje el avión aterriza con bien en tu tierra, o cuando tu pareja te sonríe al salir de la sala de operaciones. En esos momentos, la palabra *gracias* es un rezo en sí misma. Al pronunciarla el corazón se expande, y el aire que exhalas sube y se envuelve con el universo.

Quizá por eso las religiones —jud a, budista, musulmana y cristiana— nos invitan a ser agradecidos, no sólo como un acto de correspondencia, sino como una manera de crecer espiritualmente.

La etimología de la palabra *gratitud* ayuda a explicar su sentido. *Gratitud* viene del latín *gratus*, que significa placentero, agradecido; que a su vez tiene raíz en *gratia,* que quiere decir favor, cualidad placentera. En sánscrito, la palabra *grnati* significa cantar la gracia. Durante el siglo XIII, a la pequeña oración que se decía antes de los alimentos se le llamaba *gracia.* Para llevarlo aún más lejos, en griego la palabra que describe la gracia es *charis,* raíz de la palabra *charisma,* una cualidad placentera que se tiene o no se tiene.

Podríamos concluir que la simple palabra *gracias* significa en sí todo lo siguiente: un regalo inmerecido (gracia), una cualidad placentera (gratitud) que hace que uno quiera expresar su afecto (carisma), o cantar su aprecio (*grnati*), aunque ese aprecio no se espere.

Son las experiencias profundas las que nos llevan a descubrir que cuando te concentras en tus bendiciones y las agradeces, empiezan a desfilar ante tu vista todas aquellas cosas que te hacen feliz y no habías notado. Como si el universo se pusiera contento, cual niño al que reconoces lo que hace bien y por ello se esmera más en agradarte.

Asimismo, observa cómo reacciona un niño cuando únicamente le señalas lo que hace mal, ¿tendrá el ánimo para mostrarte lo que hace bien? Vaya, ¿las ganas? ¡Si ni te fijas! Pues así es el universo: si te concentras exclusivamente en ver todo lo malo que te ocurre, te seguirá mandando precisamente eso en lo que tanto te gusta fijarte.

Decir "gracias" de corazón, además de que se siente ¡tan bonito!, es como si volvieras a vivir y a apreciar por segunda vez lo que viviste, o como ver las fotos de un viaje que gozaste mucho en compañía de la gente que más quieres.

Por eso, en las noches antes de dormirme, si todavía me queda energía, escribo en mi libreta "especial" las cosas que me hicieron feliz durante el día: "Gracias, Dios mío, porque mi cama está deliciosa, me sentí feliz al hacer ejercicio, la regadera estaba rica, Pablo me abrazó como sólo él lo hace..."; y si estoy muy cansada, nada más repaso mentalmente mi día y cierro los ojos dando gracias por todo. Te invito a hacerlo. Comienza hoy y observa lo que ocurre.

Los beneficios de agradecer

Robert Emmons, profesor de psicología de la Universidad de California-Davis, ha dedicado gran parte de su carrera a investigar el papel que desempeña el agradecimiento en nuestra salud física y emocional. Como científico, busca comprobar lo que otros aceptamos como fe y pregonamos sobre el provecho de escribir a diario las bendiciones propias. Pero, realmente, ¿qué tanto nos beneficia?

La respuesta es breve: más de lo que nunca imaginaste.

De acuerdo a Emmons, quienes están conscientes de agradecer experimentan lo siguiente:

- Se sienten mejor en su vida,
- más optimistas,

- más enérgicos y activos,
- más determinados,
- más alegres,
- más fuertes para enfrentar retos; además,
- se relacionan mejor,
- hacen más ejercicio,
- tienen menos enfermedades,
- duermen mejor,
- son percibidos por los demás como más generosos y afables;
- y obtienen otras tantas ventajas que este espacio me impide reproducir.

Es un hecho que cuanto más dispuesto estás a agradecer, la vida te da más motivos para hacerlo. Hoy me fijo más en la luna, en la orquídea que tengo en mi oficina, en cómo canta el pájaro mientras escribo y en lo afortunada que soy. Gracias a esto, puedo decir que he llegado a descifrar un átomo de lo que representa los misterios del universo, que es como un niño...

¿Y qué hacer cuando pasamos por una crisis?

Todos hemos pasado por alguna crisis o hemos sentido cómo, cuando algo o alguien nos amenaza o nos agrede las fibras más sensibles, sacamos cualidades internas que nosotros mismos desconocíamos hasta ese momento.

Es cierto que la vida está llena de adversidades, pero también existe esa voluntad que nos hace conscientes de las limitaciones y nos motiva a ir más allá. Algunas de esas limitaciones se pueden superar en el nivel externo, como los retos en el trabajo, los económicos y del deporte. Y quizá haya otras con las que, de plano, tendremos que aprender a vivir, como una separación dolorosa, alguna discapacidad o perder a un ser querido; éstas sólo se pueden superar de manera interna y todos, tarde o temprano, las encontraremos en el camino de la vida.

Como viene, conviene

La diferencia es cómo reaccionemos a ellas. O bien te atrapan en una intensa infelicidad, o te levantas por encima de ellas y te enfrentas a lo que *es*. Esto es resiliencia. En su libro *Saber crecer,* mi querida amiga y psicóloga Rosa Argentina Rivas Lacayo, la compara con las palmeras, que humildemente agachan su cabeza para dejar pasar los fuertes vientos, recobrarse y continuar firmes después de las tormentas.

Esta cualidad, la resiliencia, es un término que procede de la física y que se refiere a la capacidad de un material para recuperar su forma inicial después de soportar una presión que lo deforma. En el ser humano es tener la capacidad de enfrentar la adversidad y salir fortalecidos de ella.

Ser resilientes no significa que no lloremos o no tengamos momentos de rabia, de gran ansiedad o sentimientos de vacío... ¡Es normal! Lo que hace la diferencia es tener la actitud de que, a pesar de todo, estemos dispuestos a luchar y a salir adelante. Decir: "Así me tocó. ¿Qué puedo aprender de esto? Voy a salir adelante de la forma más airosa posible". O, como afirma una querida amiga: "Como viene, conviene." Quizá se trata de vencer la adversidad, desprendernos de los apegos, o bien darle un nuevo significado a nuestras pérdidas.

La resiliencia es, probablemente, la más importante de nuestras habilidades. Porque una vida plena y satisfactoria no depende de la ausencia de experiencias dolorosas y adversas sino, de acuerdo con la logoterapia, de cómo respondes ante este tipo de situaciones y logras crecer a pesar de ellas.

La última clase

Un gran ejemplo de resiliencia y de lo que es sacar lo mejor de nosotros mismos en las circunstancias más adversas, es la historia del doctor Randy Pausch, un profesor de Carnegie Mellon University, en Pennsylvania, a quien le pronosticaron seis meses de vida después de que le encontraron cáncer en el páncreas. Seguramente la leíste o escuchaste, y yo aquí la retomo brevemente. Él falleció dejando un gran ejemplo y unos sabios conceptos.

Cuando le pidieron dar una "última clase" a sus alumnos, sobre lo que *realmente* era importante en la vida, pensó: "¿Qué sabiduría le transmitiré al mundo al ser mi última oportunidad de hacerlo?"

Me impresiona ver —a través de Youtube— que tanto en su clase de 75 minutos como en varias entrevistas, el doctor Randy Pausch habla con energía, entusiasmo y buen humor. "Si a alguien decepciono porque no me ven deprimido o de mal humor, me disculpo. No es negación, mi esposa y yo estamos muy conscientes de la situación", comenta.

Estos son sus conceptos:

• "Al ver la muerte, he aprendido que hay un significado en la vida. No podemos cambiar las cartas del destino, pero sí podemos controlar *cómo* jugamos con ellas."

• "Si estás optimista, con esperanza, las personas desean ayudarte. Si estás con el ánimo en el suelo, las personas quizá te ayuden, pero he notado que *caminan*, no *corren* hacia ti."

• "Las paredes de ladrillo que encontramos en la vida están para demostrar nuestra determinación. Para separarnos de la gente que no quiere cumplir sus sueños de niño. Nos permiten comprobar qué tanto queremos las cosas."

• "Me estoy muriendo y me estoy divirtiendo; y seguiré divirtiéndome, porque no hay otra manera de jugar."

• "El cáncer va a abatir mi cuerpo, pero no mi alma, porque ésta es más grande que cualquier enfermedad biológica."

• "Creo en el karma de la vida. Cuando haces lo correcto, te suceden cosas buenas."

• "Discúlpate cuando la hayas regado."

• "La lealtad es una calle de doble sentido."

• "Di la verdad."

• "Enfócate en los demás, no en ti mismo."

• "Demuestra gratitud."

• "No te quejes, sólo trabaja más fuerte."

• "Sé bueno en algo, te hace valioso."

• "Prepárate. La *suerte* está donde la preparación se encuentra con la oportunidad."

- "Cuando alguien te dé una retroalimentación, escúchala; ésa es la parte difícil. Sólo atesórala y úsala."
- "No puedes llegar a ningún lado solo."
- "No te des por vencido. El mejor oro se encuentra en el fondo de barriles llenos de basura."

El sufrimiento puede ser trampa o un trampolín, según el sentido que cada quien le dé. Ser resiliente y ganarte el aplauso de la vida. Ahí está el reto...

La paz profunda... a tu alcance

"¡Dios mío, estoy teniendo un infarto! ¿Cuántos científicos tienen la oportunidad de estudiar su propio cerebro, cómo funciona y se deteriora?"

Una mañana del 10 de diciembre de 1996, mientras se encontraba haciendo ejercicio en su casa, la doctora Jill Bolte Taylor, de 37 años de edad, neuro científica de Harvard, experimentó un infarto masivo en el cerebro al reventarse un vaso sanguíneo del lado izquierdo del mismo. Es fascinante la manera en que ella, desde su profesión neuro anatomista, observa y narra cómo el lado izquierdo de su cerebro se desintegró en sólo 4 horas. Después de 8 años que le tomó recuperarse, sus revelaciones y enseñanzas han hecho que la revista *Time* la haya nombrado como una de las cien personas que más influyó en el mundo en 2008.

"Es lo mejor que me pudo pasar. Este infarto en el cerebro me ha dado el maravilloso regalo de saber que la profunda paz interior está a sólo un pensamiento/sentimiento de distancia. En la ausencia de mi lado izquierdo del cerebro —analítico, crítico y juzgón—, estaba inmersa en un estado de completa tranquilidad, seguridad, euforia y omnipresencia. No soy autoridad, pero pienso que los budistas dirían que entré al modo de existencia que ellos llaman *nirvana*."

Leer su relato, en el libro *My Stroke of Insight,* me ha servido para ilustrarme en muchos sentidos, por lo que he decidido compartirlo contigo. Me parece increíble la manera tan clara en que ella vive y siente la diferencia de cómo los dos lados del cerebro ven el mundo e impactan en la vida.

La paz del presente

"Dada mi experiencia de perder las funciones de la mente izquierda, estoy convencida, de corazón, de que la paz profunda se encuentra en el circuito neurológico del lado derecho del cerebro y que cualquiera de nosotros podemos engancharnos a él a voluntad; sólo se requiere silenciar la voz del lado izquierdo que nos domina."

Desde su lado derecho, Bolte no podía contestar a la pregunta: ¿que suma uno más uno?; no podía discernir si el zapato iba antes o después del calcetín; tampoco podía leer las tarjetas de apoyo colgadas en su cuarto; sin embargo, sí podía percibir el amor y la bondad que irradiaban las personas que le ayudaron a salir adelante y la gran paz que da vivir en el presente.

Bolte no entendía lo que las personas hablaban, pero sí podía leer volúmenes de información en sus expresiones faciales y en su lenguaje corporal.

En palabras de la doctora: "Mi alma era tan grande como el universo y bailaba extasiada en un mar sin fronteras (...) Gracias a esto, sé que para experimentar paz no se necesita que tu vida sea una constante bendición. Significa que eres capaz de acceder a un estado de gracia mental en medio del caos normal de la vida acelerada."

Por otro lado, es revelador que una mujer de ciencias, por lo general escéptica a todo lo que no es comprobable científicamente, haya podido constatar durante ese bloqueo del lado racional y lineal como todo —tú, yo, el libro que tienes en la mano, el cuarto en el que te encuentras, cada pixel de espacio—, es materia atómica y energía radiante que se une en *masa* y forma parte de un *todo*.

Para muchos, pensarse como un fluido o con almas tan grandes como el universo, conectadas a la corriente de energía de un todo, se sale de la zona de confort. Claramente, cada uno de los seres humanos somos trillones de partículas de suave vibración.

En el lado izquierdo del cerebro está el "hacer" que tanto premia y reconoce la sociedad; de acuerdo con la doctora Bolte, en el lado derecho, está el "ser". Si eres como la mayoría de las personas, que se te dificulta utilizar el lado derecho, que es el que te da la paz anhelada, es porque seguro has aplicado muy bien lo que te han enseñado tus papás y maestros. Pero como dice el doctor Kat Domingo: "La iluminación no es un proceso que se aprende, sino uno en el que se desaprende."

SÉPTIMO PASO: ATIENDE LO REALMENTE IMPORTANTE: tu interior   299

Para tener acceso a esa paz profunda, la doctora Bolte recomienda lo siguiente:

- Recuerda que eres parte de algo más grande, de una energía y moléculas de flujo eterno de las cuales no te puedes separar.
- Regresa tu atención al momento presente. No tengas prisa. Ignora ese lado izquierdo que piensa, analiza y delibera. Acude a tu lado derecho que es todo serenidad.
- Haz conscientes tus pensamientos irrelevantes, agradéceles y pídeles que guarden silencio. Ponlos en pausa por unos minutos.
- Piensa en tu respiración. Relaja tu cuerpo, suaviza tu mandíbula y entrecejo. Enrólate en el aquí y el ahora como un ser humano que florece y disfruta el momento.

Te invito a buscar por lo menos un minuto al día esa paz que reside dentro de ti.

Los que la pasan bien, también van al cielo

¿Has experimentado esto que narra la doctora Bolte? ¿Te ha pasado que de pronto, sin razón alguna y a pesar de todo, sientes instantes de paz y tranquilidad? Quizá tu mirada se engancha en una escena agradable como el reflejo del cielo en los vidrios de un edificio, la luz del sol que atraviesa las hojas del árbol en la calle, el canto de un pájaro o la risa de un niño. No es que lo pienses —de hecho no estás pensando en nada—, pero te invade esa sensación agradable de bienestar.

Me he dado cuenta de que cuando esto me pasa, es porque me olvido de mí misma. La agenda de mi vida se disuelve y sólo estoy ahí sin tratar de dirigir el torbellino del día. Entonces viene a mi mente la frase que dio título a esa famosa película: "La vida es bella."

Un poema escrito por Jon Kabat-Zinn, "A Taste of Mindfulness" describe ese tipo de instantes:

> (...) ¿Has tenido la experiencia de detenerte por completo,
> de estar en tu cuerpo por completo,
> de estar en tu vida por completo,
> que lo que sabes y lo que no sabías; lo que ha sido y lo que está por venir,
> y la forma en que las cosas están ahora, no contienen la más mínima muestra de ansiedad o discordia,
> un momento en el que estás completamente presente, más allá del deseo de escapar o arreglar nada o de sumergir tu cabeza.
> Un momento de estar puro, ya no en el tiempo, un momento de ver puro, de sentir puro.
> Y ese estar te toma por todos los sentidos, por tus memorias, por todos tus genes, por tus amores y te da la bienvenida a casa...

Pero de pronto despiertas y dices: "¡Cómo me puedo sentir así, si el mundo es un desastre!", basta leer los periódicos, voltear a tu alrededor o asomarse a los problemas y angustias de la propia vida. Así que, ¿cómo me atrevo a olvidarme de los otros o de lo que se supone debería estar haciendo? Y aparece entonces el fantasma de la culpa.

Te preocupa el futuro, ser productivo, hacer algo que "valga la pena", y estás convencido de que los que se van al cielo son los que se sacrifican y sufren; no los que contemplan, se divierten y la pasan bien.

Estar triste tiene caché...

Por otro lado, mostrarse triste, melancólico o atribulado, si bien es la realidad de muchas personas, parece tener cierto atractivo para muchas otras. ¿Será porque la melancolía está llena de profundidad y significado, y eso te da cierta identidad? ¿Será porque ser feliz es poco interesante? ¿Aburrido? ¿La gente simpatiza más con nosotros si le contamos problemas y no alegrías? ¿Será porque una autobiografía que narra una infancia terrible vende más que la que cuenta una sin problemas y feliz? No lo sé.

Pero alguna vez escuché a alguien decir que sólo quien ha sufrido mucho puede escribir una buena canción, una buena novela o un buen poema. Y debo confesar que al escucharlo me dije: "Pues ya estuvo que, hasta ahora, gracias a Dios, no podré hacer nada de lo anterior y toco madera...", me imagino que esta predilección por el abatimiento se encuentra en el inconsciente colectivo, herencia de una formación sufrida y religiosa.

El gozo se da por instantes, es ligero y no pesa; y sí, no hay mucho que decir sobre él, sólo se percibe en el cuerpo y se siente bien. O se transmite en ese suave aroma que deja en el aire una persona que está feliz. Entonces, ¿porqué sentir esa culpa o pena por sentirnos plenos?

Si bien es cierto que el mundo está repleto de cosas tristes y trágicas, también es cierto que buscar esos momentos de paz y gozo no sólo es cuestión de darnos permiso sino que, como decía Borges, es una obligación.

Escucha tu sexto sentido

Son las seis de la mañana, estamos en Cancún y, como la mamá de la película *Home Alone*, de la nada me salgo del sueño más profundo. Pablo, mi hijo, entonces adolescente, y sus tres amigos, llegaron a las dos de la mañana, como habíamos acordado y saludaron. Pero algo me decía —estando dormida— que no estaban en su cuarto. Me incorporo con la seguridad de que se regresaron al antro sin aviso ni permiso alguno. No sé cómo lo sé, pero lo sé. Bajo las escaleras y abro la puerta de su cuarto para confirmarlo. Las camas perfectamente tendidas... ¡escuincles!

Estoy segura de que tú también lo has experimentado. Por ejemplo, conoces a una persona y de inmediato sabes que puedes confiar en ella, mientras que otra no te late. O bien, entras en una librería, cierto libro llama tu atención y con sólo leer las primeras líneas tu mente ya decide si está bueno o malo. A esta clase de "coincidencias" se les llama intuición.

El diccionario la define como: "Facultad de conocer, o conocimiento obtenido, sin recurrir al razonamiento"; "percepción clara, íntima, instantánea de una idea o verdad, como si se tuviera a la vista y sin que medie razonamiento". Y Einstein decía: "La intuición es lo único que realmente vale."

Una gran herramienta

El sexto sentido es una herramienta más de supervivencia. Cuando la dificultad para sobrevivir cotidianamente era más precaria, la vida o la muerte de una persona dependían en gran medida de qué tan desarrollado tenían este sentido.

Ahora hay una tendencia a confiar en los más "avanzados" y "civilizados" sentidos. El sexto sentido es acallado por la informática, la lógica y la razón. Sin embargo, habría que recordar que nuestros sentidos más confiables son aquellos que desarrollamos primero.

Por mucho tiempo se ha dicho que la intuición es una característica femenina. Quizá sea porque el pensamiento lineal, de la lógica y la razón, desde la época de los griegos ha sido atribuido en su mayoría a los hombres; mientras que el terreno de las emociones y los sentimientos pertenecía a las mujeres. En realidad no es así. Hombres y mujeres pueden ser igual de intuitivos.

La intuición es un atributo de los seres humanos difícil de explicar. A través de ella:

- Sabes cosas aunque no sabes por qué las sabes.
- Aparece cuando no aplicas el pensamiento racional.
- Se manifiesta mediante palabras, imágenes, sentimientos o sensaciones viscerales.
- Parece ser directamente proporcional a la honradez emocional y al deseo de saber, descubrir y resolver problemas.
- Parece ayudar más a las personas íntegras que a las corruptas, a los generosos que a los egoístas.
- Puedes leer entre líneas y conocer los sentimientos de los demás al margen de sus palabras.
- Es una facultad genuina y no hay que confundirla con el miedo, con deseos o presunciones de infalibilidad; tampoco con el instinto, la adivinación, la creatividad o la inspiración, aunque pueda fundirse con ellas.
- La revelación intuitiva puede darse en cualquier momento. Tienes que estar atento para reconocerla y escucharla.
- Está detrás de muchos logros en materia de creatividad, innovación y numerosos éxitos empresariales.

Joaquín Vargas, antes de iniciar un negocio, decía que si la ranita que sentía en el estómago le decía que sí, lo hacía sin pensar jamás en un posible fracaso. Sabía que le iba a ir bien. De no sentirla, no le entraba. Y así fue siempre.

Otros han encontrado soluciones en sus sueños, como Elias Howe, creador de la máquina de coser. Bill Gates, por ejemplo, admite que a menudo se guía por la intuición. Así como ellos, tú estás conectado a esa corriente subterránea de intuición, pero muchas veces ni cuenta te das.

!

┌─────────────────────────────────┐
Para desarrollar esta capacidad:
└─────────────────────────────────┘

• Ábrete al ambiente, déjate envolver por lo que te rodea. Siéntelo.

• Observa más. Sé curioso, trata de "leer" a las personas. Pasa más tiempo con ellas. Escucha qué dicen con su voz y con su cuerpo.

• Ábrete a ti mismo, escucha la voz de tu conciencia. Siente tu cuerpo, tu respiración, tus sensaciones. Medita y reflexiona. No trates de entender, sólo déjate impactar.

• Ábrete a los demás, déjate sorprender por el otro, sé receptivo a lo que dice y hace, a cómo se mueve, a sus ojos y su boca. Déjate asombrar y recibe sin prejuicios.

• Hazle preguntas claras a tu intuición. Cuanto más la uses, funciona mejor.

• Escribe las señales o ideas en un papel porque es común que se esfumen.

• Antes de tomar una decisión pregúntate: "¿Cómo me siento ante esto?", evalúa lo que la intuición te ofrece como solución. Ni lo rechaces ni lo admitas instantáneamente.

Y si a medianoche te despiertas inesperadamente con algo en la cabeza, es que esa "intuición" trabaja inconscientemente por ti. Hazle caso, apréciala: es la magia de lo humano, la sabiduría ancestral que, de alguna extraña manera, brota como manantial.

Y de casualidad...

"¿Qué te asombra en la vida?", me pregunta una amiga, una tarde muy agradable, en su casa, mientras tomamos una taza de té. Respondo algo a *bote pronto* pero no quedo convencida con mi respuesta. Continuamos platicando por largo rato y, a solas, de regreso a casa, la pregunta sigue acosándome. ¿Qué me asombra? Sin encontrar una respuesta que me satisfaga, llego a mi casa y olvido la pregunta.

Como suele suceder, entre más te esfuerzas por acordarte de un nombre, un dato o una película, menos lo consigues; y al abandonar la presión de la insistencia, y mientras estás distraído en otras actividades, así, de repente, ese nombre o idea tan buscada brota a tu consciente. Al día siguiente, mientras asisto a una misa de difuntos, en la solemnidad y silencio del momento, la respuesta aflora. Las coincidencias, las casualidades de la vida... ieso es! Eso es lo que en verdad me asombra.

Pienso en los momentos clave y trascendentales, en la red de coincidencias, de casualidades, de encuentros inesperados que se entretejen para darle rumbo a la vida.

Aquellos accidentes que me han transformado y enriquecido, esos en los que, sin maravillarme lo suficiente, he dicho: "y, de casualidad... me encontré a fulano"; "y, de casualidad... escuché esto"; "y, de casualidad... me presentaron a..."; "y, de casualidad... lo conocí"; "Y, de casualidad... leí esto"; "y, de casualidad coincidí con..."

Encuentros o hechos fortuitos, que se olvidan al poco rato sin que tengas conciencia del privilegio del que gozas y que, muchas veces con soberbia, son asumidos como regalos merecidos. Bien vistos, hasta los sucesos más pequeños tienen un significado. Lo importante sería que te percataras, que los apreciaras y los agradecieras porque en realidad son pequeños milagros cotidianos.

"Coincidencias tan extrañas de la vida, tantos siglos, tantos mundos, tanto espacio y coincidir...", dice la canción, que toma especial sentido cuando la escucho en voz de mi querida amiga Adriana Landeros, acompañando un video construido con momentos, recuerdos y fotos, regalo sorpresa que nuestros hijos nos dieron a Pablo y a mí, con motivo de nuestro 25 aniversario de bodas... y coincidir.

¿Casualidad o causalidad?

¿Te has preguntado si es por casualidad o causalidad, que naces en el lugar en donde naciste, tienes la familia que tienes, haces los amigos que haces, encuentras a tu pareja, escoges profesión y vives la vida que llevas?

Nos toca prestar atención y tomar conciencia de las cosas que nos ocurren y que, bien vistas, son mensajes o pistas de la vida, como si alguien superior nos estuviera guiando en la ruta y que, quizá, ignoramos o no entendemos en ese momento.

Lo he vivido y estoy segura de que tú también. Todos en alguna ocasión lo hemos experimentado. Cuando las cosas, por extrañas razones y a pesar de que luchas por conseguirlas, no salen como quieres, te frustras. Es sólo cuando sueltas la ansiedad que las cosas empiezan a caminar de un modo diferente al que planeas.

Con el paso del tiempo, en la parte más profunda de ti, comprendes la sabiduría de la vida y te das cuenta de que los eventos se dan en el lugar y en el momento preciso. Y, con asombro, admites que tuvieron que pasar muchas cosas para que las situaciones resultaran de una manera determinada. Todo lo que habías hecho antes fueron preparativos para este cambio, para esta ocasión, para la misión que te toca cumplir. Cuando asimilas esto alcanzas a ver que la vida es, en sí, ¡verdaderamente asombrosa!

Por eso, en retrospectiva, la historia de tu vida parece perfectamente lógica. Pareciera que forma parte de un plan maestro pensado y diseñado para cada uno de nosotros. Me asombro y pienso en la candidez con la que creemos que manejamos nuestro destino.

Decía Luis Pasteur: "El azar favorece a la mente preparada." Tal como resulta imposible apresurar una cosecha por más agua y sol que le des, tampoco puedes esperar hasta que la casualidad toque tu puerta y se te ofrezca en charola de plata. Necesitamos salir a buscar las oportunidades, tocar puertas y estar dispuestos a fracasar mil veces.

Nuestro camino está lleno de señales: podemos ignorarlas y seguir adelante o podemos ponerles atención y tratar de encontrarles significado. Decía Nehru: "La vida es como un juego de cartas. La mano que se te da representa lo ya determinado; en la manera en que la juegas está tu libre voluntad."

La próxima vez que digas: "Y, por casualidad... tal cosa", pregúntate: "¿Qué significa esto?", verás que entre más atención pongas a las coincidencias y más te cuestiones acerca de su significado, podrás ver, con mayor claridad, el sentido de tu vida, el sentido de nuestras vidas.

La mejor terapia del mundo...

 Hasta ahora no he conocido a una sola persona que se haya arrepentido de haber dedicado poco o mucho de su tiempo, su energía, su dinero o su vida a ayudar a los demás. Quizá esto se deba a que ayudar finalmente es un acto egoísta: dar unas horas a la semana a algún servicio a la comunidad, ¿qué te hace sentir? Me atrevo a decir que te hace sentir feliz.

La mayoría de los estudios indican que uno de los secretos que hace a las personas más sanas y felices es precisamente éste: ayudar a los demás. Algunos de estos muestran una disminución de 60 por ciento de mortalidad entre aquellos que enfocan su atención en el otro. Les proporciona lo que se conoce como "el pico de los ayudadores", similar al que le da a los corredores cuando tienen sus endorfinas al máximo. Es decir, esa sensación de dignidad, de gozo, de pasión que da ayudar a las personas. Es encontrar ese sentido de vida que a veces equivocadamente buscamos en los logros particulares.

Ahora mi vida tiene un sentido

Si has sentido un vacío existencial, una falta de propósito y misión en tu vida, te invito a probar la terapia de dar. Verás que encontrarás y repartirás felicidad. "Ahora mi vida tiene un sentido", dice toda la gente que hace algo por los demás. No importa si se trata de apoyo económico, moral o de otro tipo, ayudar a otros te inspira esa gratitud por lo que la vida te ha dado; y, paradójicamente, es lo que recarga *tu* felicidad.

Mi querida amiga, Carmelina Ortiz Monasterio, gran ejemplo de altruismo, decía que la palabra "servir" viene del "vicio de ser". Al servir descubres que, en efecto, hacerlo se convierte en un vicio, porque dar de ti te hace sentir valorado y útil, lo cual es sinónimo de sentirte gozoso. Lo único que lamento de todo esto es haberlo descubierto apenas en la segunda mitad de mi vida. Estaba tan concentrada en mí y en mi trabajo que no me daba cuenta de lo que me perdía. Pero nunca es tarde.

Lograr un impacto real en la vida del otro es una oportunidad para conocer el heroísmo. ¡Pero hay tanta gente que todavía no lo descubre! La idea de ayudar les cruza por la mente, pero entonces se distraen con cualquier cosa y las buenas intenciones se archivan en el fondo del cerebro.

Todos tenemos recursos, aunque no lo sepamos. Recursos verdaderamente valiosos como talento, cabeza para pensar, manos para trabajar, conocimientos, amigos y familia con quien compartir. Dar no sólo está sujeto al número de ceros en una cuenta bancaria. Recuerdo la frase que dice: "Era un hombre tan pobre, tan pobre, que lo único que tenía era dinero." El reto está en encontrar una causa que empate con tus ideales y que puedas incorporar de alguna manera a tu vida.

La cultura nos persuade para creer que la felicidad se encuentra en las posesiones materiales o en puestos de poder, tal como te mencioné antes. Buscamos vivir en una casa más grande, tener un mejor coche... y sin importar cuántas mugres acumules o qué tan alto escalemos en la compañía, siempre queremos más. Así funciona el ego, es como un gusanito insaciable que vive dentro de nosotros y siempre quiere más. Sólo que el alma no se contenta con las cosas materiales; necesita que tu talento y tus recursos estén al servicio de los demás. Así es como se siente feliz.

Cuando nos percatamos de que consumir no es la respuesta, cuando la vida nos da pequeños o grandes trancazos, cuando nos ha tocado sufrir, nos volvemos más humanos, más empáticos.

Sugerencias prácticas para empezar a dar:

- Comparte con tus hijos la experiencia de ayudar a una familia necesitada.
- Dale cobija, alimento o ropa a esa viejita que ves todos los días en la esquina.
- Ofrécete de voluntario para limpiar algún parque cercano a tu casa.
- Si amas a los animales, trabaja para rescatarlos.
- Ve a un asilo a leerle a los ancianos.
- Dona tu computadora a una escuela rural; incluso, ofrécete a dar clases de algo que domines.
- Llama a fundaciones reconocidas para ofrecer tus servicios o talentos.

Sólo es cuestión de que te decidas. Recuerda: el mundo es una proyección de lo que tenemos dentro. Así que si eres generoso de corazón verás un mundo generoso. Si eres compasivo y amoroso, eso es lo que verás en el otro. Cada una de tus acciones —buenas o malas— se expande como las ondas en el agua y repercuten en quienes te rodean, para después regresar a ti de una manera que ni te imaginas.

Ser generoso te hace sentir bien físicamente

Sientes una descarga de euforia acompañada de endorfinas, seguida por un sentido de calma y plenitud. El doctor Wayne Dyer, en su libro *The Power of Intention*, comparte una investigación en la que afirma que: "Un simple acto de caridad dirigida hacia otro mejora el funcionamiento del sistema inmunológico y estimula la producción de serotonina en los dos: el recipiente del acto de generosidad y la persona que lo da. Lo asombroso es que aun la persona que observa el acto, tiene un resultado benéfico similar." Así que todos los involucrados, el que da, el que recibe y el que observa se unen de manera positiva. ¡Es increíble!

Qué fácil es quedarnos atrapados en los pequeños dramas de la vida diaria y olvidarnos del gran escenario; sin embargo, cuando salimos de nosotros mismos y ayudamos a alguien, trascendemos el pequeño ser que somos y nos conectamos con el gran Ser.

Aun en el dar, estás primero tú. Porque cuando contribuyes a que otra vida mejore, haces que tu propia vida sea ¡mejor!

CONCLUSIÓN

Date el "Sí" a ti mismo

Decirte "Sí" es la llave de la verdadera asertividad. Para hacer de tu vida un éxito absoluto, necesitas saber a qué cosas le vas a decir "Sí". Nada mueve más al mundo, que el poder de afirmar desde el fondo del corazón.

Decir "Sí" no tiene nada que ver con "voy a tratar", "espero que...", o "quizá". Decir "Sí", es comprometerte 100 por ciento a lo que en realidad es importante para ti.

Primero Tú, se trata de tener la fortaleza de actuar, de cambiar, de decirle "No" a lo que rechazas en tu vida. Para que un cambio logre transformarse en un hábito, necesitas que alguien te acompañe en el compromiso y te anime a hacerlo.

Es por esa razón que, para concluir este libro, te invito a que juntos repasemos los 7 pasos para que consideres a cuáles te comprometes a decirle "Sí". Como siempre... tú eliges.

Primer paso. Voy a decirle "Sí" a mi cuerpo físico, voy a llenarlo de energía y salud respirando bien y estando presente. Entenderé mi reloj biológico y lo respetaré. Haré ejercicio por lo menos cinco veces a la semana, un mínimo de 30 minutos. Al hacerlo, sabré que todo mi cuerpo, mente y espíritu saldrán beneficiados.

Segundo paso. Me comprometo a decirle "Sí" a comer más sano, a descubrir las maravillas que las verduras, frutas, cereales, las grasas buenas, las leguminosas y las proteínas, producen en mi organismo y en mi autoestima, cuando controlo las cantidades que ingiero. Voy a sazonar mi comida con especies naturales que elevan las defensas en mi organismo. Tomaré más agua pura, así como té verde o blanco. Reduciré el consumo de comida "confort": azúcar, sal, harinas blancas, refrescos y café, porque sé que mi cuerpo me lo va a agradecer. Y si fumo, haré un compromiso muy especial para dejar de hacerlo.

Tercer paso. Voy a decirle "Sí", a la opción de vivir con menos estrés. Sí escucharé a mi cuerpo cuando me pida descanso. Me daré esos pequeños placeres que me inspiran, motivan y me hacen sentir bien, como escuchar la música que me agrada. Le daré tiempo al silencio y a la meditación y tendré un espacio exclusivo para mí. De ser posible, me relajaré con un masaje cada cierto tiempo, porque esto ayudará a mi salud y a mi bienestar. Dormiré por lo menos 7 u 8 horas diarias, porque es lo que mi organismo requiere para reponerse de todo lo que hace durante el día.

Cuarto paso. Me comprometo a escuchar mejor a la gente, y darle los reflectores, en lugar de colocarlos sobre mí. Seré una persona positiva y auténtica y confiaré más en mis habilidades. Hablaré bien de los demás y aprenderé reírme de mí mismo y de mis fracasos. Me quitaré las telarañas mentales y me visualizaré como una persona inteligente, atractiva y talentosa. Cuidaré mi imagen, crearé una marca personal digna y me presentaré al mundo como tal.

Quinto paso. Acepto que la felicidad está en mí, en mi cerebro y en mi esencia, y en nadie más; que soy responsable de producir mis propias drogas de la felicidad a través de amar la vida, hacer ejercicio, dormir bien, consumir alimentos que eleven mi ánimo y hacer algo por los demás. Me comprometo a fortalecer mi memoria retando mi cerebro con cosas novedosas, con la práctica de la lectura, y con vitaminas, Omega-3 y antioxidantes. Me comprometo a nunca olvidar que la creatividad está en mi.

Sexto paso. Le digo "Sí" a procurar más a mi pareja, a mi familia y a mis amigos, a buscar los buenos momentos, a quererme más a mí mismo, a verme con más bondad, y a someter mi voluntad para elevar mi autoestima. Procuraré la hospitalidad y abrazaré más a mi pareja e hijos, porque sé todos los beneficios que con esto les transmito. No me quejaré, no criticaré ni contaré chismes de nadie. Me daré permiso de abrirme más al perdón, y agradeceré a quien me ayudó a ser lo que ahora soy.

Séptimo paso. Comprendo que no hay *quehacer* que pueda sustituir al *ser*: valgo por lo que soy, no por lo que hago, lo que tengo o el puesto que ocupo. Me ocuparé de poner atención y de hacer conciencia de las cosas que me hacen feliz durante el día. Me comprometo a agradecérselas a Dios, al universo, ya que es la mejor forma de corresponder. Sé que la felicidad está aquí, ahora, que para disfrutar el momento, necesito estar presente y contento con lo que hago; sé también que la pasión, el gozo y el entusiasmo, son el motor de la vida, y que lo mejor que puedo hacer para darle a mi vida un sentido, es ser generoso.

Recuerda que no importa cómo estés, siempre puedes estar mejor.

BIBLIOGRAFÍA

Beck, Martha, *Steering by Starlight*; Rodale, USA, 2008.

Ben-Shahar, Tal, *Happier*; McGraw-Hill, USA, 2007.

Bolte Taylor, Jill, *My Stroke of Insight*; Viking Penguin, USA, 2008.

Braverman, Eric R. *Younger You*; McGraw-Hill, USA, 2007.

Compte-Sponville, André, *Pequeño tratado de las grandes virtudes*; Paidós, España, 2003.

Dyer, Wayne, *The Power of Intention*; Hay House, USA, 2004.

Gupta, Sanjay, *Chasing Life*; Warner Wellness, USA, 2007.

Hilton, James, *Horizontes perdidos*; Plaza Janés, España, 1973.

Holden, Robert, *Happiness Now*; Hay House, USA, 2007.

Hyman, Mark, *The UltraMind Solution*; Scribner, USA, 2009.

Kabat Zinn, Jon, *Coming to Our Senses*; Hyperion, USA, 2005.

Katchadourian, Cecile, *El abrazo que transforma el amor de la pareja*; Editorial Pax, México, 2008.

Madariaga, Salvador de, *El corazón de piedra verde*; Editorial Hermes, México, 1997.

Perricone, Nicholas, *Ageless Face, Ageless Mind*; Random House, USA, 2007.

_____, *The Perricone Prescription*; Harper Collins, USA, 2007.

Pink, Daniel, *A Whole New Mind*; Riverhead Books, USA, 2005.

Polland, Stephen M. y Mark Levine, *It´s All in Your Head*; HarperLargePrint, USA, 2005.

Pratt, Steven G. y Kathy Matthews, *SuperFoods*; Harper Collins, USA, 2003.

Reiss, Uzzi y Martin Zucker, *Natural Hormone Balance*; Pocket Books, USA, 2001.

Rivas Lacayo, Rosa Argentina, *Saber crecer*; Urano, España, 2007.

Roizen, Michael F. y John La Puma, *The Real Age Diet*; Barnes & Noble, USA, 2001.

Roizen, Michael y Mehmet Oz, *You Staying Young*; Free Press, USA, 2007.

Tolle, Eckhart, *A New Earth*; Dutton, USA, 2005.

Umlas, Judith W., *The Power of Acknowledgment*, International Institute for Learning, Inc., USA, Varios autores, *Journal of the American College of Nutrition* (ed., 2001, 2002, 2003).

Weil, Andrew, *8 Weeks to Optimum Health*; Ballantine Publishing, USA, 1997.

Weiss, Robert, *Loneliness: The Experience of Emotional and Social Isolation*; MIT Press, USA, 1974.

Young, Robert O., *The Ph Miracle*; Warner Books, USA, 2002.

Puedes escribirle a Gaby Vargas
a la siguiente dirección electronica:
tu@gabyvargas.com
también puedes consultar:
www.gabyvargas.com

Esta obra se terminó de imprimir en octubre de 2009,
en los talleres de Litográfica Ingramex, S.A. de C.V.
Centeno 162-1, Col. Granjas Esmeralda,
C.P. 09810, México, D.F.